大清侃史官

李飞 著

中国华侨出版社
·北京·

图书在版编目（CIP）数据

大清侃史官／李飞著．—北京：中国华侨出版社，
2021.7

ISBN 978-7-5113-8542-0

Ⅰ．①大… Ⅱ．①李… Ⅲ．①中国历史—清代—通俗
读物 Ⅳ．①K249.09

中国版本图书馆CIP数据核字（2021）096961号

●大清侃史官

著 者／李 飞
责任编辑／李胜佳
封面设计／一个人·设计
经 销／新华书店
开 本／710毫米×1000毫米 1/16 印张／15 字数／208千字
印 刷／北京溢漾印刷有限公司
版 次／2021年7月第1版 2021年7月第1次印刷
书 号／ISBN 978-7-5113-8542-0
定 价／49.80元

中国华侨出版社 北京市朝阳区西坝河东里77号楼底商5号 邮编：100028
法律顾问：陈鹰律师事务所
编辑部：（010）64443056 64443979
发行部：（010）64443051 传 真：64439708
网 址：www.oveaschin.com E-mail：oveaschin@sina.com

如发现印装质量问题，影响阅读，请与印刷厂联系调换。

前言
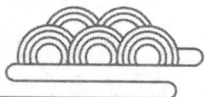

清朝，一个奇闻轶事不断翻新的王朝，因其种种特殊性，注定会被文人墨客大写特写。近些年来，清宫剧更是隐隐有霸屏之势。

然而，你看到的那些清朝故事，它们真实吗？

你是否想知道，"金台吉诅咒"，究竟是怎么一回事？

你是否讲得清，顺治闹着要出家，生活到底把他怎么了？

你是否敢肯定，康熙的一生，真的像传说中那样睿智英明？

再问你几件事：

大清君王的位置，当初是留给了老四还是老十四？

到处留情的乾隆到底是谁的儿子？为什么和他爸爸的性格一点不像呢？

中晚清时期，那些命运多舛的皇帝，最后到底怎么样了？

清朝那些事儿，有些凄惨，有些血性，有些甜蜜，有些风情，有些铁案板上钉钉，也有悬案迷雾重重……

思绪回到清朝，这里有讲不完的故事，聊不完的谈资。

现在，马上，开始，我们的"清朝史"。

——趣料，秘史，逸事，知识，敬请看——《大清侃史官》！

这是一本让你读得开心、记得牢靠、有趣有料有深度的正经清朝史！填补你历史知识的空白，让你聊天调侃能显摆，学习从此不枯燥，生活变得更有趣！

这是一本有灵魂、有内容、有猛料的正经清朝史，那些陷落在历史深处的人物在作者笔下的这一刻，不再是一个个生硬刻板的名字，而是一个个灵魂都散发着趣味的时代见证者。作者用现代人最熟悉的诙谐手法，将历史大清朝的发展、更迭、龙争虎斗、爱恨情仇以独特的视角展现出来，精彩，不容错过！

这里需要说明一下，小生不是资深历史学家，因而书中讲述或许会存在那么一点偏差，就麻烦大家仔细地给小生纠错吧，小生在此谢过了！

目 录

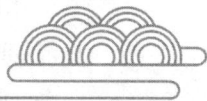

Contents

🌀 **第一章 假如，没有当初那场错杀……**

逃离吧！后母阴影下的原生家庭 / 2

姥爷将心错付，被朋友背后插刀 / 4

爱是干柴烈火，也是飞蛾扑火 / 7

爸爸、爷爷，你们死的好憋屈啊 / 13

有朝一日虎出山，我必血染半边天 / 15

一女灭四国，是她留给人间的传说 / 18

痛哉！痛哉！宁远之战 / 22

我含恨离开，留下死因给你猜 / 25

🌀 **第二章 那些年，皇太极经历的桩桩惨案**

皇太极从来不是皇太子 / 28

震惊后金！嫡长子褚英之死 / 29

"老实人"代善的暧昧事件 / 32

妈妈发力，多尔衮险些成新帝 / 35

大妃殉葬，是遗嘱还是阴谋 / 38

阿敏这家伙，如今留他不得 / 41

死一个莽古尔泰，远远不够 / 44

代善能善终，是因为肯认怂 / 48

绝不能再走元朝的老路了 / 52

袁崇焕、洪承畴，你们不是对手 / 55

铁汉柔情，终究挽不回红颜薄命 / 58

第三章　我做得了紫禁城主，却做不了自己的主

两虎争锋，睿王阴险，福临躺赢 / 62

朱由检尸骨渐凉，大顺军无限膨胀 / 65

他来了，他来了，他带着八旗打来了！ / 68

一切听叔父……呃，皇父摄政王的 / 71

多尔衮与孝庄，到底有没有真爱 / 76

随便塞给我一个皇后啊，废了她 / 78

又随便塞我一个皇后，废……不成了 / 80

董鄂妃——压垮福临的最后一根稻草 / 83

是死还是僧，顺治身后迷雾重重 / 86

第四章　臣子闹心，儿子扎心，玄烨太难了！

康熙能登基，是因为"他有病" / 90

鳌少保，你霸凌朕的时候很爽吧 / 93

吴三桂，这一局是朕赌赢了 / 95

台湾属于中国，永远不可分割 / 99

妄图搞分裂的人，是没有好下场的！ / 103

我明珠狠起来，敢告自己谋反 / 107

皇帝要你三更死，谁敢留你到五更 / 111

儿子争，臣子乱，玄烨最近有点烦 / 114

第五章　可甜可咸忽暖忽寒，朕就是这样的汉子

九子夺嫡，远比你想象得更惨烈 / 118

四爷进阶至尊，皇权路步步惊心！ / 122

君权不可侵犯，兄弟也不例外！ / 126

我胤禛要改革，你们谁能拦我！ / 129

臭名昭著血滴子，真不是个东西 / 135

军机处里好风光，内阁大臣好忧伤 / 138

密折在手，爱卿，朕要你们颤抖！ / 140

年羹尧，你不作，朕不会让你死 / 143

舅舅，说实话，我忍你很久了 / 147

你是我的拼命十三郎，名讳不用避君王！ / 150

别黑了！别黑了！朕把自己累死行吗 / 156

第六章　弘历往事：饥饿的爱情与饥饿的盛世

生死相别 51 年，弘历与富察的隔世绝恋 / 160

世人爱称我"如懿"，有谁知道我悲戚 / 165

看一季"卫龙夫妻"，令妃娘娘挥泪如雨 / 168

纠正老爸不当之处，最需要的是心术！ / 171

弘历军威，代价是国与民的沉重负累 / 174

中国无须外贸，把沿海地区给朕锁了！ / 176

不知搭错哪根筋，弘历就要宠和珅 / 180

第七章　莫说自己倒霉蛋，谁比永琰更悲惨

父皇给我的是皇位，这分明是个坑啊！ / 186

别人不行礼，我都不相信自己是个皇帝！ / 189

和大人，新账旧账咱们一起算算吧！ / 191

永琰的悲剧，不怪他自己，也怪他自己 / 195

为什么连年热播宫斗剧，几乎不见嘉庆朝 / 197

四次暗杀！死不得安！还有谁比他更悲惨？ / 200

第八章 江山狼藉，满目疮痍，五位皇帝也凑不齐回天之力

大清道光，到底没把天照亮 / 206

早知帝王今日事，当初必不费心思 / 213

朕想爱谁，朕自己都没有决定权 / 216

如果给他选择权，光绪会当皇帝吗 / 220

我们胜了，但胜仗比输还难看 / 223

迟到的革新，救不了失落的大清 / 225

第一章

假如，没有当初那场错杀……

公元1583年5月，那天的朝阳带着一抹血色。被仇恨折磨许久的努尔哈赤怒吼一声："兄弟们，干吧！"开始了他的战斗生涯，装备只有13副铠甲和百十号人马。

就这个规模，说是起兵，看上去更像是打群架。

不过，在努尔哈赤崛起之初，靠的就是好勇斗狠，手里有几十个人就敢去别人地盘挑衅，以少胜多倒也是家常便饭。

……

逃离吧！后母阴影下的原生家庭

如果，他的爷爷和爸爸当初没有被人错杀……

如果，当年大明官方能够秉持公正，而不是轻视他，嘲讽他，肆无忌惮地刺激他……

也许他一辈子都会奉公守法，也许不是普通民众，但也许不会掀起血雨腥风。

然而，历史没有如果。

一个女真族的汉子，在饱受了不公平待遇之后，最终彻底愤怒了，他煽动起仇恨的小翅膀，把大明王朝几乎埋葬。

请大家记住这个血性汉子的名字，他叫——爱新觉罗·努尔哈赤。

公元 1559 年 2 月的某一天，天生异象，新春的东北大地突然寒风呼啸，转眼间飘起了鹅毛大雪。在今天的辽宁省新宾县永陵镇，建州左卫一个小部落酋长家里，已经怀胎十三月的喜塔腊·额穆齐皱着眉头叹气道：

"儿啊，你快出来咱们一家团聚吧，你再不出来，就成哪吒啦！"

也许是母子连心，有所感应，在母亲的声声呼唤下，努尔哈赤一声娇啼，出生了。

努尔哈赤出生时，他的爷爷觉昌安任职明朝建州左卫都指挥使，他的爸爸塔克世也在为老朱家做事。彼时，他们是堂堂正正的公务员家庭，是大明朝的忠实臣子。

努尔哈赤小时候到底有没有像历代汉人帝王一样，经历各种各样的离奇之事，并不见载于史册，只知道他和现代大多数东北 70 后、80 后的孩子一样，喜欢上山打松子、摘榛子、挖蘑菇、采木耳，然后再把这些山货拿到集市上，与汉人、蒙古人进行市场交易。只不过，我们采山货换钱是为了买冰棍、打游戏，努尔哈赤则是为了更好地生活。

这段时期，努尔哈赤的生活很简单，正因为简单，他也很快乐。

然而，快乐的时光总是很短暂，人生的沉重却如同深渊。

努尔哈赤10岁那年，生母喜塔腊氏不幸去世，作为一个正值壮年的男人，努尔哈赤的爸爸塔克世终归没能耐得住寂寞，又闪婚了海西女真首领的养女那拉氏为妻。从这时起，努尔哈赤的好日子也就到头了。

首先我们必须承认，继母不好当，哪怕是对继子继女有一丁点的无心之失，都会被吃瓜群众用高倍显微镜无限放大，然后成为街头巷尾的谈资，承受千夫所指，这绝对是普天下最出力不讨好的苦差事。

但我们同时也看到，有很多继母都是真善美的化身，她们在别人的孩子身上将母爱展现得淋漓尽致，甚至为了更好地养育继子，选择不生自己的孩子。

不过努尔哈赤没有这样幸运，他的继母那拉氏心胸狭隘、刻薄自私，时刻恨不得拔掉努尔哈赤这棵肉中刺。

那么问题来了，努尔哈赤的爸爸眼睁睁看着自己的子女受虐待，他就可以做到无动于衷吗？

是的，他只能无动于衷，因为他怕老婆。当然，这里也有个前因后果。

多年以前，元朝灭亡以后，努尔哈赤的六世祖猛哥帖木儿因为在东北地区很有名气，被朱棣任命为建州卫都指挥使，后又因功升职为建州左卫右都督。当时，他们家的势力在东北地区首屈一指，只可惜，猛哥帖木儿没多久就死了。

猛哥帖木儿死后，建州女真内部分裂，变成了三个卫，李满住领建州卫，董山掌建州左卫，范察掌建州右卫。建州三卫虽然相互间时常有摩擦，但对外也称得上同仇敌忾，毕竟终究是一家人。这一时期的建州女真共同发展，逐渐壮大。

壮大后的建州女真人开始有小脾气了！觉得大家都是黄种人，凭什么我要受你汉族人的欺负？于是屡犯明朝边境。

明宪宗朱见深一忍再忍，忍无可忍，一声令下：镇压！

建州女真遭遇了毁灭性的打击，建州卫李满住父子及一万多民众被杀，建州左卫董山及二十余员战将也被斩杀于广宁城。建州女真衰落了。

此消彼长，建州女真倒下去了，海西女真却站起来了。

海西女真哈达部，其首领王台对明朝极为恭顺，非常完美地扮演了明朝小弟这个角色，被明朝封为龙虎大将军、右柱国，一跃成为东北地区最大的女真势力。

努尔哈赤爸爸娶的这个第二任夫人，就是哈达首领王台的养女，得罪不起。

所以眼见亲子遭到虐待，努尔哈赤爸爸也只能忍气吞声，反正孩子也多，睁只眼闭只眼吧。

努尔哈赤就这么一直忍受着……

努尔哈赤到了青春期，开始压制不住自己的叛逆心理，对于继母的刻薄忍无可忍，终于带着弟弟舒尔哈齐离家出走，投奔了亲姥爷王杲。

然而，姥爷对自己再好，也终究不如亲生父母，更何况，姥爷好，姥爷的小老婆和她们的孩子们不见得就行，失去母爱的努尔哈赤像根野草，在寄人篱下的日子里随风飘摇。

姥爷将心错付，被朋友背后插刀

现在咱们再说说努尔哈赤的姥爷王杲。王杲很不简单，在当时也是个响当当的人物。

史书上说他从小就很狡猾，长大后通晓多种语言，为人精明，作风彪悍，而且运筹帷幄，神机妙算。因为拥有非常突出的才能，遂被族人推举为首领。

大约从公元 1554 年起，王杲趁嘉靖皇帝朱厚熜忙着炼丹嗑药，以古勒寨

（今新宾县上夹河镇一带）为根据地，不断扩充势力，做大自己，渐渐成为建州女真的第一号人物。

历史总是惊人的相似。

历史上，中原朝廷与边境少数民族从来就没有真正和谐过。朝廷希望边民很乖、很听话，按时送美女和银子，而边民虽然被迫服从，可一旦稍微强大，便不肯再买朝廷的账了，双方一言不合，就相撕风雨中，由此演绎出无数惊心动魄的故事。

王杲强大了，那颗不安分的心也开始越发骚动，时不时地就在边关捣乱，搞得明朝再无宁日。

当然，若真较起真来，王杲显然不是老朱家的对手，但这个时候的明朝正在走下坡路，朝内的破事已经搞得皇帝焦头烂额，因此不愿意轻易动干戈。

王杲同志正是瞅准了这一点，才动辄纵兵烧杀抢掠，他也不跟明朝死磕，目的不过是为了向明朝敲诈勒索，骚扰一下就讲和，你给好处我就撤。

这期间，海西女真也帮了建州女真不少的忙，王杲同志与明朝对峙示威要好处的时候，王台也会派人过去站队凑人数，不帮忙打架，就捧场。

努尔哈赤的爷爷觉昌安一开始也站队亲家王杲，因此还上了明朝的黑名单。

觉昌安害怕再这样搞下去，自己会搞得家破人亡，便暗中背离王杲，派部下王胡子、李麻子等人到抚顺关，表示悔过。从此以后，努尔哈赤的爷爷和爸爸便跟努尔哈赤的姥爷玩起了无间道，暗中协助明兵设计捉拿王杲同志。

只是觉昌安怎么也没想到，哪怕自己已经背信弃义，还是没能改变结局。

后来，因为王杲同志闹事的次数太多了，明朝廷实在没了和他虚与委蛇的好心情，不再接受王杲的讲和（敲诈勒索），态度变得越来越强硬。

从那时起，海西王台对建州王杲的态度也有了明显的变化。面子上，他说得过去，依然愿意为哥们站队，以虚张声势，但他不会真的为了王杲对抗大明，毕竟，这触及了海西女真的根本利益。

公元1572年冬，抚顺地方长官贾汝翼召集女真各部首领到抚顺开会。

会上，贾汝翼很蛮横地表示：从今以后，女真各部出口的马匹必须臁肥体壮，否则不准入市。

而且，他还让女真的各位大佬站在台阶底下，长时间听他大声训话。

遭受这种受气待遇，王杲同志来了小脾气，不等会议完毕，便起身拂袖而去。

王杲回到自己的地盘，把女真各部大佬一起约来，大骂贾汝翼目中无人，不是个东西，并与各位老大"椎牛盟誓"，大家说好要给明朝点颜色瞧瞧。

明朝官员见王杲愤而离席，心说大事不妙，急忙采取应急措施，不怕一万，就怕万一。

一方面，他们命令海西王台出兵建州，给王杲制造压力，让他不敢轻举妄动。

另一方面，他们派人转告王杲：你如果再搞事情，我们将全面关闭抚顺马市！

关闭马市这一招非常狠毒，用现在的话说就是"经济制裁"。

明朝的时候，朝廷在与边民地盘接壤的地方开设了不少"马市"。边民们用马匹及当地特产，到马市上做交易，换取他们生活必需的盐、铁、布匹、粮食等产品。一旦明朝关闭马市，他们的生活将立刻受到严重伤害！

王杲眼见自己的小细胳膊拧不过明朝的粗大腿，为了不使自己的族人受苦受难，只好亲自带领自己的小弟们到抚顺关谢罪道歉。

但是，一波还未平息，一波又来侵袭！

公元 1574 年 7 月，建州女真奈儿秃等 4 人跑到抚顺关投降，王杲部将来力红为了报复明朝，一怒之下抓走 5 名明军哨兵。抚顺守将裴承祖带 300 兄弟去跟王杲要人，结果被王杲绑了起来杀掉。

这件事情，王杲同志可干得太离谱了！

消息传到京城，举朝为之震惊：打狗还得看主人呢！一个小小的地方势力老大，竟然敢不把中央政府放在眼里，如果不灭了他，大明还有何威严统领天下？！

于是，公元 1574 年 10 月初，辽东总兵李成梁亲自带兵开出抚顺关，将王杲大本营古勒寨团团围住，十日，李成梁以火攻大破古勒寨，烧死、砍死一千多女真人。

王杲并未坐以待毙，脱逃而去。

逃亡路上，王杲不敢在女真诸部停留，因为他知道，女真各部虽然都对明朝心怀不满，但没人愿意拉开架势与明朝对着干，更不会有人愿意为他这个"外人"以身犯险，在利益面前，所谓交情，薄得可怜。

所以，王杲只能去投奔唯一有能力窝藏并庇护他的"好兄弟"——海西女真王台。

然而，王杲是过分高估了他与王台的交情，王台假意收留，突然暴起，带人抓了王杲全家，并送给明朝边军以示恭顺。

兄弟和利益，有时选择起来，并不是一个难题……

最终，王杲被打进囚车，押送到北京。

那时候的万历皇帝朱翊钧刚刚上任不久，还是个精神小伙儿，体重还没有增长上来，所以小腿还没有被压变形，也没有躲在深宫中千呼万唤终不出来，他亲自处理了王杲，将其分尸。

李成梁火攻古勒寨的时候，努尔哈尔和他的弟弟舒尔哈齐都在古勒寨中，王姥爷跑的时候，并没有带上他们哥俩，甚至连招呼都没打一声，看来亲孙子和外孙子，多少还是有些差别的。于是，兄弟俩双双成了别人的俘虏。

努尔哈赤眼见小命就要不保，突然眉头一皱，计上心头。

这一年，努尔哈赤 16 岁。

爱是干柴烈火，也是飞蛾扑火

却说李成梁大军攻破古勒寨，许多女真人都被杀了，可努尔哈赤和舒尔哈齐不知道想出了什么办法，成功引起了明朝官兵的注意，获得了个刀下留情的特权，被带到李成梁面前。

来到李成梁面前，努尔哈赤哥俩当即就给李成梁跪了，抱着李成梁的马腿但求一死，言辞非常恳切，痛哭而且流涕，场面相当感人。

现在问题来了，别人都是危在旦夕苦苦求饶，为什么努尔哈赤哥俩苦苦求死呢？

这正是他们哥俩的聪明之处——走别人没走过的路，反其道而行之。

首先可以确定的是，按照明朝的法律，这哥俩是一定有罪的。他们的姥爷"罪大恶极"，他们又住在姥爷的大本营里，怎么看都是帮凶无疑。

既然摆脱不了罪名，那么狡辩又有何用？还不如来个认罪态度良好，先在李成梁面前拿下些许印象分。

接下来他们苦苦求死，可能连李成梁都被弄懵了，心说这俩小子葫芦里卖的什么药？于是在好奇心的驱使下，李成梁很愿意听他们继续讲下去。

可以推测，努尔哈赤当时的话一定说得很得体，李成梁又考虑到他们是建州左卫都督觉昌安的亲孙子，将来在安抚建州女真方面或许会起到一定的作用，于是放过了他们，并把努尔哈赤留在了身边。也许是真的欣赏他，也许是想把他当成人质。

后来，李成梁因为军功卓著，屡屡升迁，成了辽东地区最有影响力、最具实权的人物，既然是"大人物"，在那个年代，女人肯定不止一个两个，李成梁身边一定是妻妾成群。

民间传说，在李成梁的众多妻妾中，有一位叫喜兰的女子，与努尔哈赤上演了一段唯美、惹泪的爱情故事。

我们先来看看这个传说：

在封建社会，普通女人的地位十分卑微。李成梁的小妾，多是抢来的，或是别人送的，或是战役中俘虏来的，反正唾手可得，并不太受重视。

努尔哈赤身为李成梁的亲兵，出入内室是常有的事，因而经常与喜兰见面。

李成梁女人很多，喜兰在他心中并不是白月光，因而经常独守空房。

努尔哈赤年轻英俊，一表人才，天生自带迷人气质，惹得喜兰芳心纵火、情海翻波。

努尔哈赤此时还是个青春冲动的毛头大小伙儿，怎能禁得住美丽少妇的暗送秋波？

一个是伺候人的亲随，一个是伺候人的小妾，同是天涯沦落人，两个寂寞、痛苦的年轻灵魂最终紧紧抱在了一起……

一天晚上，努尔哈赤被要求给李成梁大人洗脚，他非常听话、非常温柔地帮李大人脱下鞋袜，他第一次发现，李大人脚心竟然有三颗红痣，他忍不住惊问道："大人的脚心有红痣？"

一听这话，李成梁骄傲之情溢于言表，忍不住自夸道："本官这三颗红痣是天生贵相，脚踏天宫星宿，你小子哪怕有一颗，也不用干这给人洗脚的下作活了！"

努尔哈赤也是少年轻狂、不知深浅，遭到李成梁的奚落，心里老大不乐意，索性把鞋袜一脱，把大脚丫子往李成梁面前一伸，反驳道："我这有七颗呢！"

李成梁随意瞥了一眼，瞬间就惊呆了——只见努尔哈赤脚底七颗红痣呈北斗七星状排列，隐隐有红光闪烁。李成梁顿时惊出一身冷汗。

夜里，李成梁躺在床上辗转反侧，搁心里暗自掐算："嘉靖三十八年（公元1559年），紫微星降于辽东，嘉靖三十八年……这不正是努尔哈赤出生的那一年吗！"

"没错，就是他了！"李成梁一拍床沿，坐了起来，吓得躺在身边的小妾一个哆嗦，忍不住嗔道："大人，什么事情值得您大惊小怪的，吓死奴家了。"

说来也巧，当天侍寝的小妾正是喜兰。

李成梁当时还不知道喜兰已经出轨，便把事情一五一十地讲了一遍。

原来，嘉靖三十八年（公元1559年），大明南京紫金山天文台观测到，紫微帝星已经落入辽东。于是连忙上报朝廷，请皇帝想法破之，否则，此人必乱大明。

国家安危，刻不容缓！朝廷立即派出大批风水学专家，到辽东地区观风水、掘龙脉，四处查找身上有七颗红痣的人。本着"宁可杀错，也不放过"的原则，明朝廷在沈阳、辽阳、铁岭等地暗杀了几十人。朝廷本以为后患已绝，没想到正主把七颗红痣藏在了脚下，一不小心给漏掉了！

李成梁当即决定，找个合适的时机，趁着月黑风高，把努尔哈赤给绑了，然后送到京城领赏，想必以后官运会更加亨通。

喜兰得到这个消息，仿佛被五雷轰了顶，但李成梁众多女人之间的相互嫉妒与攻击磨炼了她的胆色与心机。喜兰强作镇定，娇媚起来，哄得李成梁心花怒放、身心舒畅，带着疲倦进入了梦乡。

喜兰趁机悄悄溜出，找到努尔哈赤，告诉他此中种种，并送给他一匹大青马，催促他撒丫子快跑。

性命攸关，努尔哈赤也顾不得儿女情长，离别缠绵，给喜兰重重叩了个头，骑上大青马，带上大黄狗，连夜奔逃。

第二天，李成梁一觉醒来，发现努尔哈赤跑了。不用查，这事儿他只对喜兰一个人说过，一定是这女人走漏了风声！李成梁怒发冲冠，面目狰狞，用小皮鞭将喜兰活活打死，并对努尔哈赤发出官方通缉令。

前途凶险，后有追兵，努尔哈赤走投无路，纵马扎入荒草甸中。

荒草森森，一望无边，倒是个难得的藏身之所。

李成梁寻不到努尔哈赤，怒上心头，心生毒计，下令："放火！烧死这小兔崽子！"

风助火势，火逞风威，百亩草甸刹那间变成一片火海。努尔哈赤急得连忙用手薅草，怎奈势单力薄，如杯水车薪无济于事。说此时那时快，只听一声凄厉吼叫，努尔哈赤饲养多年的那只大黄狗蹿了出去……

只见那狗先是用爪子挠草，直挠得一双狗爪鲜血淋漓，然后又蹿入水洼之中，将浑身毛发皆尽浸湿，接着扑入草甸，翻身打滚……如此动作，周而复始，毫不停歇，硬生生在大火烧来之前，为努尔哈赤打出了一条防火通道。

再看那狗，已然累得气绝身亡。

大火漫过之后，眼见努尔哈赤即将暴露在李成梁部队的视野之下，这时不知从哪飞来了数以百计的乌鸦，"呼啦"一下，直扑努尔哈赤和大青马，瞬间将一人一马完全覆盖。

追兵遥遥望去，草甸子中烟火狼藉，一大群乌鸦似乎正在争食。他们也没去查明真相，渎了个职，转身向李成梁报告："努尔哈赤那小子已经被烧死了，连尸体都被乌鸦给撕了！"

李成梁不疑有他，带着夺妻之恨得报的解恨心情，放心而返。

待李成梁部队渐行渐远，那群乌鸦整齐划一地飞了起来，在努尔哈赤头顶盘旋几圈，鸣叫着振翅远去。

努尔哈赤逃出生天，泪流满面，他跪在地上，怀里抱着爱犬，对青天发誓："倘若有朝一日，我努尔哈赤成就大业，必尊喜兰姑娘为神，天天拜祝；我要爱犬爱鸦，决不许别人伤害它们！"

后来，努尔哈赤成就大业，果然没忘誓言：他封喜兰为紫薇夫人，喜兰成了满族人民的保护神，被尊为"佛朵妈妈"，立神位供奉；为报爱犬救命之恩，他下令所有满族人都不准吃狗肉；大青马也得到了回报，皇太极登基时，改国号为"大清"。

这个传说在辽东地区流传相当广，老辈人讲述起来有声有色，加之《清史稿》上记载："成梁妻奇其貌，阴纵之归"，似乎又给这个传说增添了几分真实性。

但细一推敲，好像又不是那么回事。

列位看官请注意！这时的努尔哈赤已经深受李成梁器重，成了一员爱将，怎么还能干"洗脚"这种内侍的工作呢？

另外，所谓努尔哈赤脚踏七星，多半也和刘邦的七十二黑痣一样，是帝王家为了抬高自家身份，彰显自家造反的合理性，把自己的帝国创始人神化了。

那么问题又来了，如果这个传说有水分，但根据正史记载，努尔哈赤此时正深受李成梁器重，正"厚待之"，随时都有升职的可能，正所谓一片锦绣前程，他为什么又要跑呢？

笔者猜想，事情大概是这个样子的：

李成梁当时已经年过五十，又整日忙于军事，劳心劳力，所以没有时间和精力全面照顾好老婆们的身心感受。

李成梁的老婆们并不是青梅竹马，两小无猜，自由恋爱，所以相互之间没有什么深厚感情。

在这种情况下，一些年轻的、有思想、有性格、有追求的小妾便开始尝试寻找"爱情"了，喜兰便是其中一个。

努尔哈赤应该擅长人际关系心理学，将李成梁哄得团团转，因而获得了在李成梁内府出入的特权。

努尔哈赤长得不错，当时是个精神小伙，喜兰只看他一眼就芳心纵火。

接着喜兰发现，这个美少年不光长相好，而且有才干，关键是长相好有才干的人还爱学习，一本《三国演义》都快被他翻烂了。喜兰心中料定，这美少年日后必成大器，芳心更加深许。

喜兰没有看错，努尔哈赤果然不同凡响，他没用多长时间，便成长成为李成梁手下独当一面的爱将。同时，出入总兵府也更加随意了。

一个是身强体壮、情窦初开的大小伙子，一个是空虚寂寞、温柔多情的美丽少妇，正所谓移干柴近烈火莫怪其燃。终于在一个清风沉醉的晚上，两个人冲破了最后一道藩篱。

然而，世上没有不透风的墙，再厚的纸终究包不住火，他们的事情最终还是走漏了风声，被李成梁知道了。

李成梁一定气疯了：我待你如父子，你竟然动我妻子？！来人呐！把这色胆包天的臭小子活剐了！

喜兰得到消息，连忙去给情郎通风报信，努尔哈赤闻风而动，逃之夭夭。

当然，以上情节只是作者的猜想，当时究竟是个什么情况，恐怕只有当事人知道了。

爸爸、爷爷，你们死的好憋屈啊

不管经过如何，总之，努尔哈赤在喜兰的帮助下，成功逃脱了。

不知是为了躲避李成梁的追捕，还是为了躲开那拉氏阴沉的面孔，努尔哈赤并未在家中多作停留，他第二次走出家门，开始了真正的游子生涯。

努尔哈赤重新走进深山，掘人参、采山货、捕鱼猎兽。他也常常走出山林，隐姓埋名出入辽东官市，佣工于大户乃至官府。

就在努尔哈赤为生计奔忙的时候，变故发生了。

却说海西女真的王台虽然因缉拿王杲有功，得到了明朝的封赏，却也在女真内部架起了梁子，失去了民心。

有道是"喝酒称兄弟，患难见真情"，王杲危难之际，谁都不信，一门心思投奔王台，谁承想，多年的老兄弟反手就是一刀，把王杲送上了断头台。

这种表现非常明显的精致利己主义，是为女真人所不齿的，女真诸部反应大小不一，有的人假装什么都没看见，什么都没发生，不说不听不评论，有的人反应则非常大——

比如，王杲的儿子阿台和阿海，立刻分裂出去单干，他们纠集一帮青年打手，继续和明朝械斗。

他们对大明和王台同样充满了仇恨。

另一边，李成梁为了进一步瓦解建州女真，将王杲原来的地盘赏给了努尔哈赤的爸爸塔克世。

明朝廷又大张旗鼓地发布公告，说塔克世是大明朝的好朋友，在讨伐恶匪王杲的过程中做出了重大贡献，咱们的皇帝非常讲究，有罪必罚，有功必赏，特任命塔克世同志为建州左卫总指挥。

这是明晃晃的离间计，但再拙劣的离间计往往也会产生效力，因为人心总是充满了猜疑。

有一天，努尔哈赤的爷爷觉昌安去抚顺城吃酒，归来路过古勒寨。阿台将他"请"进寨中，劝他入伙，一起搅翻大明，觉昌安坚持不从，阿台遂把他非法拘禁。

公元 1583 年 2 月，建州图伦城主尼堪外兰背叛建州女真，引明军进攻阿台驻地。

李成梁统领广宁、辽阳官兵，分两路挺进。一路由他亲自带领，东出抚顺，驰行百里，直捣阿台所居住的古勒寨；另一路由秦得倚带领直奔阿海所居之沙济城。

明军突然而至，阿海猝不及防，城破被杀。

李成梁围困古勒寨，阿台死守城池。双方激战两天两夜，胜负未分。此情此景，令李成梁大为恼火，他怒骂尼堪外兰乱进"谗言"，以致官军劳兵损将。

尼堪外兰邀功不成反受过，惶恐之中，心生一计，他骗守城军民说："太师（李成梁）有令，杀死寨主归降者，可命他为本寨寨主。"

接着，明军士兵也对着城里大声呐喊："投降不杀！"

经过两昼夜激战，身体疲惫、内心恐慌、士气低下的古勒寨人开始动摇。有人趁乱杀死阿台，打开城门，军民纷纷出城投降。

然而，李成梁面对放下武器的古勒寨人，并没有遵守诺言，他为了泄愤大开杀戒，共杀害男女老幼 2200 余人，又一把火将古勒寨化成灰烬。

当李成梁部队进攻阿台、阿海驻地时，塔克世为了营救父亲先明军一步入城，以致父子双双被困在古勒城中。明军破城以后，觉昌安被大火烧死，塔克世也被明兵砍了，父子二人都死于这场战祸。

这一仗，努尔哈赤死了 N 多个亲戚，包括他的爷爷和爹爹，而且王杲这一脉全是努尔哈赤的亲戚，这要按人头算，努尔哈赤说七十大恨也不为过。

噩耗传来，努尔哈赤瞬间汗毛炸开！他二话不说就去找李成梁报仇了吗？并没有！

当时，李成梁手握几万兵马，努尔哈赤只有十三副铠甲，这要是去茬架，李成梁能分分钟送努尔哈赤去见他爸爸。

在力量悬殊的情况下，非要拿鸡蛋往石头上砸，不是真傻，就是真太傻。

无须考证，努尔哈赤一定不傻。

但是，受到这么大伤害，难道就夹起尾巴装怂认栽？那不可能！

东北汉子有讲究：头可断，血可流，面子绝对不能丢！

于是努尔哈赤传话李成梁，说："李总，给个面子，睁只眼闭只眼，让我弄死尼堪外兰。"

努尔哈赤为了不让自己死无葬身之地，决定先不跟李成梁撕破脸皮，但就这么认怂岂不是颜面扫地？这要是传扬出去，我努某人还怎么混辽东这一亩三分地？！于是，他杠上了李成梁的跟班小弟，想拿怂恿明军攻城的尼堪外兰出口恶气。

说来倒霉，李成梁一点面子都不给，还很不客气地警告他：

"尼堪外兰即将成为建州女真的大当家，你最好老实一点吧！"

"另外，喜兰这笔账我还没跟你算呢！"

努尔哈赤的眼中泛起了一抹血色……

明朝廷万万没想到，这个毫不起眼、在女真内部根本排不上号的努尔哈赤，最后竟成了他们的掘墓人。

有朝一日虎出山，我必血染半边天

现在，建州女真的"大人物"都死得差不多了，努尔哈赤这个"无名之辈"也终于得到了雄起的机会，无名之辈归无名之辈，努尔哈赤已经逐渐显露出了一代雄主的特质。

松花江流域，黑、吉地区，海西女真腹地，王台的众叛亲离促成叶赫部的发展壮大，弟兄越来越多。

本来就王台的影响力而言，海西女真扈伦四部的实力此消彼长倒也没什么，都是自家力量，只要大家紧紧团结在一起，外人就不敢打鬼主意。

但王台办的破事儿，大家嘴上不说，心里却都看不惯，王台的威信暗中急转直下，扈伦四部互生间隙，这样的实力跌涨就会给外部力量提供乘虚而入的机会，比如，努尔哈赤。

公元1583年5月，那天的朝阳带着一抹血色。被仇恨折磨许久的努尔哈赤怒吼一声："兄弟们，干吧！"开始了他的战斗生涯，装备只有十三副铠甲和百十号人马。

就这个规模，说是起兵，看上去更像是打群架。

不过，在努尔哈赤崛起之初，靠的就是好勇斗狠，手里有几十个人就敢去别人地盘挑衅，以少胜多倒也是家常便饭。

据载，努尔哈赤有一次以绵甲五十、铁甲三十，硬杠尼堪外兰的八百死士，胜利班师！

以一敌十，所谓战神，也不过如此！

鉴于努尔哈赤这么勇猛，李成梁的第五子、抗倭名将李如梅不得不给大明提个醒，他说：

"努尔哈赤这臭小子，你给他七千精兵，足以抵挡倭奴十万！他哪怕带十个人去砸场子，一城人都得吓尿裤子！西北虽有蒙古兵作乱，但远不及东北努尔哈赤为患！大哥！你们可都长点心吧！"

果然，努尔哈赤没有辜负李如梅的真心表扬，好好学习，天天向上，天天打仗，地盘不断扩张，势力急剧膨胀。

从1583年5月起兵那天开始，努尔哈赤便以报仇为名，率"正义之师"，对尼堪外兰不断进行征讨。

说是征讨，还不如说是追杀，尼堪外兰实力不行，后期一直在逃命。

而努尔哈赤说是报仇，其实目的也不单纯，他一边报仇，一边兼并各地零散势力，默默为崛起积攒实力。

公元1586年7月，努尔哈赤得知尼堪外兰藏身在抚顺市东浑河畔的鹅尔浑城，立即率骑兵星夜兼程赶到该地。攻进城后，努家军四处搜查，就是不见尼堪外兰身影。

原来，这家伙事先得到消息，吓得魂飞魄散，慌忙逃命，只身窜到抚顺城，苦求守边明将庇护。

努尔哈赤立即派人前去与明朝交涉，强硬要求："立即交出尼堪外兰，否则我必血染大明半边天！"

此时此刻，努尔哈赤已然鸟枪换炮，今非昔比，是凶名在外的一方霸主，说起话来非常有底气。

明朝养虎为患，自食苦果，不敢轻易拒绝努尔哈赤，害怕事态扩大。最后经过商讨，一致决定：弃车保帅！放弃尼堪外兰！

努尔哈赤害怕明朝给自己设局，就派手下一名将官带 40 名亲兵前去试探，明朝果然没敢食言。

当努尔哈赤看到仇人的头颅时，他笑着笑着就哭了，哭着哭着又笑了……他的大仇终于报了！

努尔哈赤起兵以复仇而始，却并没有以复仇而终。

在古龙、梁羽生的武侠小说里，我们见惯了武林侠客为复仇苦心修炼、手刃仇敌的故事。但努尔哈赤不是一般的侠客，他天生就是个枭雄，这就注定了复仇的终结只是他个人大业的开端。

当然，对于明朝的恨，努尔哈赤始终没有忘记，但鉴于实力的差距，他并没有急于向大明龇牙递爪子，从这点来看，努尔哈赤的智慧至少要甩阿台八条街。

那么，大明这个时候在干什么？

公元 1583 年至 1588 年间，李成梁对海西四部，尤其是哈达部和叶赫部，发动了三次屠杀式大进攻，导致四部受损严重，李成梁为努尔哈赤兼并海西女真打下了坚实的基础！

是不是觉得这句话听起来怪怪的？

努尔哈赤的急速扩张，明朝虽然有纵容之嫌，别人可没那么心宽。

努尔哈赤建州女真的壮大，引起了海西女真的害怕。海西四大部族哈达、叶赫、乌拉、辉发，凑一起一商议——干他，消灭他于萌芽！

于是乎，海西四大部族联合长白山朱舍里、讷殷二部，蒙古科尔沁、锡伯、卦尔察三部，结成九部联军，号称兄弟三万，浩浩荡荡杀向建州。

这是一场生死攸关的大战！尽管努尔哈赤自起兵以来天天拍板砖，但还从来没有经历过这么大的场面，况且兄弟只有对方的一半，劣势明显。

为了赢得这场战争的胜利，努尔哈赤对敌人进行了细致的摸底，反复思忖破敌之计，然后猛地一拍桌子，大喊："睡觉去！"

这就是天生的王霸——我不管你带多少人来约架，要是睡不着觉就算我输了！脑袋掉了碗大个疤，努尔哈赤我不害怕！

第二天，努尔哈赤做完战前鼓励，派一小撮兄弟前去诱敌，然后依据险地，打了一个漂亮的伏击，还把叶赫部的首领布斋劈得身首分享。

九部联军也是貌合神离，心里都有"死道友不死贫道"的算计，为了保全自己的实力，纷纷策马逃离。

努尔哈赤见九部联军就这点出息，旋即将战斗的号角吹起，霎时间伏兵云集，骑涛呼啸，矢石如雨，杀得九部联军人头遍地、血流好几里！

经此一战，女真内部发生巨变，哈达、辉发两部严重损员，势力大减，只能眼睁睁看着建州、叶赫、乌拉形成"三足鼎立"的局面。

这种局势下，努尔哈赤眉头微微一挑，决定近攻远交，继续麻痹明朝。

当时，明朝爆发了抗倭援朝战役，努尔哈赤一面说小弟愿意赴汤蹈火在所不惜，一面趁着大明辽东兵力空虚，疯狂发展自己的势力。

一女灭四国，是她留给人间的传说

努尔哈赤完成人头收割，从此更是威名远播，附近大小团伙谁见了他都得说："小弟服了，我的哥！"

扈伦四部也是同时派出使者，向努尔哈赤求和。努尔哈赤主动要求结亲女真第一美女——东哥。

东哥的父亲，就是叶赫部的首领布斋，被努尔哈赤大军劈了的那个。

杀父之仇不共戴天，东哥怎么可能嫁给自己的杀父仇人呢？她不但拒绝了这门婚事，而且咬牙切齿指天发誓：

"谁能干掉努尔哈赤，我就做他的忠诚妻子！"

努尔哈赤杀人老爸还想娶人女儿的疯狂想法，不得不暂时搁浅了。

努尔哈赤在统一建州女真以后，对海西女真采取了一拉一打，逐个击破的策略。

他的第一个兼并目标是距离建州最近的哈达部。哈达部与叶赫部虽然同属海西女真，但是两家有世仇，形同水火，动不动就干架，都想把对方势力从海西的版图上抹下去。

哈达部自王台死后，陷入内乱，王台的儿子们为了争夺继承权，兄弟操戈，内耗得不成样子。哈达贝勒孟格布禄好不容易才将局面稳定下来，叶赫部又来绞杀。为了能够生存下去，哈达部只好向努尔哈赤求助。

努尔哈赤派费英东、噶盖二人统兵两千援助孟格布禄。

叶赫部害怕建州女真与哈达部强强联合对自己不利，想出一个坏主意——他们牺牲东哥祭出美人计，表示只要孟格布禄对努尔哈赤的援兵反戈一击，叶赫部就和哈达部建立长期盟友关系，并让东哥与孟格布禄结为夫妻。

孟格布禄也是早就垂涎东哥这位女真第一美女，导致色令智迷，竟然不顾江湖道义，欣然同意。

孟格布禄心中窃喜，正准备给叶赫部送上彩礼，叶赫部却悄悄放出消息，辽东大地瞬间风云迭起！

努尔哈赤的求婚虽然被东哥固拒，但在他心里，东哥只能做自己的娇妻——纵然我得不到你，也决不能让你和别人在一起！

况且，你孟格布禄刚刚可怜兮兮地求我救助，诚恳表示愿做我的小弟，转身就想对我搞偷袭，还想得到我的妻，我不灭掉你，还怎么混辽东这一亩三分地？

于是，努尔哈赤亲自率领部队找孟格布禄要说法，血战六日，哈达灭。

辉发部的覆灭，也跟东哥有很大关系。

辉发贝勒拜音达里在爷爷王机砮死后，痛下杀手，干掉七个亲叔自己上位。

杀伐之下导致众叛亲离，辉发部很多部众对拜音达里表示不服，纷纷去投奔了叶赫部。

刚刚上位根基不稳的拜音达里没有底气去找叶赫部要人，于是他想到了努尔哈赤。

为了表示臣服，拜音达里将自己的儿子送到建州女真当质子。

努尔哈赤大手一挥："出兵！"拜音达里得以收复很多失地。

这个时候，叶赫部又故伎重施，拜音达里很快地便成了第二个孟格布禄。

第一次，叶赫部只是想简单忽悠拜音达里，对他说："你把儿子转交给我，我就把叛徒归还给你。"

拜音达里背叛努尔哈赤，把儿子送去叶赫部当人质，但叶赫部并未履行诺言，归还他叛徒和地盘。

拜音达里一看被忽悠了，立马来个二回头，去找努尔哈赤认错，并表示愿娶努尔哈赤的女儿为妻，从此辉发部就是建州女真的女婿。

努尔哈赤原谅了他，并答应下这门婚事。

叶赫部发觉情况有变，于是也来了个二回头，再次找到拜音达里，筹码变成了女真第一美女。

叶赫部假意要将东哥嫁给拜音达里，说只要你同努尔哈赤恩断义绝，我们就让东哥给你当媳妇生孩子。拜音达里为美色所惑，陷落了。

努尔哈赤非常愤怒——当初你信誓旦旦要做我的女婿，现在一转身就想娶你未过门的丈母娘？你也太猥琐了吧！努尔哈赤没有再给辉发部一丁点的机会，大军一过，辉发部没了。

乌拉部首领布占泰也想娶东哥，布占泰原本就与东哥有婚约，只是婚事被九部联军攻建州事件给耽搁了。

当初，九部联军被建州女真击溃，布占泰在战乱中被俘，努尔哈赤将他"恩养"3年，还将女儿嫁给了他。3年后，布占泰的哥哥、乌拉部前任国主满泰被杀，乌拉部发生内乱。努尔哈赤瞅准时机，将布占泰送回乌拉部，并帮助他当上新任国主。

布占泰为了报恩，将侄女嫁给努尔哈赤，这个女孩就是后来的大妃阿巴亥。

如果事情就这样发展下去，那么努尔哈赤是无论如何也不好意思无端对自己的叔丈人兼四女婿下死手。可是布占泰有心结，他始终放不下东哥。

叶赫部为了分裂乌拉部与建州女真的关系，再一次祭出东哥，让布占泰按照之前的婚约速来迎娶东哥，布占泰春心大动。

努尔哈赤采取小规模军事行动，对布占泰发出惩戒，警告他不许再打东哥的主意。但布占泰满脑子都是东哥的美丽与婀娜，哪还有心情听努尔哈赤说什么。

于是，乌拉部又"折"在了东哥手上。

乌拉部被灭掉以后，布占泰逃亡到叶赫部，叶赫部人性觉醒，顶着建州女真的压力收留了他，但面对这个家道中落、事业破产的男人，他们最后还是悔了婚。不久之后，布占泰郁郁而终。

叶赫部仗着有大明官方保护，继续花样作死，强迫东哥嫁到蒙古喀尔喀部。

公元1615年，33岁的东哥远嫁蒙古，被称为"叶赫老女"，努尔哈赤虽然心头火起，吃醋不已，但鞭长莫及。第二年，东哥在忧郁中死去……

东哥死后，努尔哈赤确立八旗，将辽东割据，自立为汗，国号后金，建元天命。随后发布"七大恨"，正式向明朝宣战。

其中有一条——"明越境以兵助叶赫，俾我已聘之女，改适蒙古，此恨四也！"意思是说，因为明朝偏帮叶赫，使我未婚妻成了别人的老婆，我努尔哈赤还能忍吗？

带着这种绿色的心情，努尔哈赤开始讨伐大明。明朝也很快做出回应，写信纠集朝鲜、叶赫共同围剿金兵，这就是著名的萨尔浒战役。

萨尔浒之战，努尔哈赤面对以明朝为主的四路大军，并没有分兵迎击，而是采取"不管你几路来，我只一路去"的作战策略，集中优势兵力一个一个予以迎头痛击。

这次战役，努尔哈赤充分显示了他卓越的指挥才能，后金将士团结一致，一往无前，令行禁止，整齐划一。五天之内，后金接连在三个地点进行了三次大战，战斗前部署周密，战斗中奋不顾身，速战速决后迅速脱离战场，立即投入新的战斗。明军被杀得丢盔弃甲、鬼哭狼嚎，望风而逃。从此在辽东地区，明朝对后金完全丧失了压制力。

努尔哈赤趁势一鼓作气，又接连夺下辽东大片土地，叶赫部对后金更是毫无招架之力，只能眼睁睁看着努尔哈赤愤怒地将自己从东北的政治版图上抹去。

据说，叶赫城破之时，叶赫贝勒金台石对天发下毒誓："我叶赫那拉氏就算只剩下一个女人，也要灭掉建州女真！如违此誓，万世不得好死！"

当时和接下来的很长一段时间，大清的皇族们根本没有体会到这句话的威力，直到 200 多年以后，这句咒语的威力才开始显现出来。

有意思的是，也有人说这个诅咒是叶赫贝勒布扬古立下的。

不过，到底有没有这个毒誓，这个毒誓到底是谁立下的，如今已经无从考证。

这就是"一女灭四国"的故事。

东哥也因此和历史上的很多女人一样，因为美丽，遭受了不公正待遇，被说成是红颜祸水，可是，美丽难道就是原罪？

痛哉！痛哉！宁远之战

公元 1621 年，后金天命六年，大明天启元年，努尔哈赤趁明朝皇位更替、忙着搞仪式的空隙，再次席卷辽东大地，明朝廷忙遣兵部侍郎熊廷弼出关救急。

熊廷弼来到辽东大地一看：我天！这是怎样一副残局——军士棒不能打狗，刀不能杀鸡，部队士气碎落一地，老百姓一心逃离。

熊廷弼一边扼腕叹息，一边整顿军纪，一边制定持久的防御大计。经过一年多的努力，辽东再次焕发生机。

熊廷弼的策略是以防守为反击，不打无把握的战役，并联合朝鲜共同抗敌，使后金不敢小觑，暂时放弃攻城略地。

结果，大明内部又出问题，熊廷弼含冤受屈，人头落地，大明自毁长堤。

努尔哈赤趁机再次发力，明辽东部分守将暗中通敌，大明在东北的势力，被逼退到山海关地区。

公元 1625 年，后金天命十年，大明天启五年，大明官方认怂，决定从山海关退兵，却有一人抗旨不从——吾宁为玉碎，也不撤退！

这个人，就是袁崇焕！

他说："兵法讲，有进无退，锦州等三城现在形势一片大好，怎么能说不要就不要了呢？锦州、右屯一出问题，宁远、前屯就很危险，山海关的门户也会失去屏障。现在我们只要派良将把守要地，就不会有什么问题。"

主管辽东军事的兵部尚书高第说不可以，并且又决定将宁远和前屯的兵力一起撤离。

袁崇焕表示："我是宁远的军事长官，誓与宁远共存亡！要走你们走吧，我死也不当'袁跑跑'！"

高第说服不了袁崇焕，就将锦州、右屯、大小凌河与松山、杏山、塔山等处守将全部撤走，将军队全部调回关内，丢弃军粮十余万石，沿途死亡者不计其数，哀号千里，哭声震天。

次年，努尔哈赤亲率大军 13 万，发誓要踏平只有 1 万守军的孤城宁远。宁远城在风中凌乱，明朝廷在一旁袖手旁观，袁崇焕枕戈待旦……

一路上，努尔哈赤的八旗铁骑所向披靡，锐不可当，连续攻克锦州、凌河、杏山、连山、塔山等地，这更使努尔哈赤雄心膨胀。

努尔哈赤派人给袁崇焕送去招降书，谎称自己有大军 20 万，表示自己拿下宁远城只是时间问题，希望袁崇焕不要再做无谓的抵抗，如果及早投诚，高官厚禄美女任他选。

袁崇焕只告诉他："城在人在，城亡人亡！"

袁崇焕的回答让努尔哈赤很没面子，他怒不可遏，发誓一定要把袁崇焕千刀万剐。

大兵压境的努尔哈赤意气风发，在他看来，这场仗简直太稳了——袁崇焕，你就等着努爷把你踩在脚下，狠狠摩擦吧！

然而，他被"黑科技"狠狠地扇了一个大嘴巴！

努尔哈赤来到宁远城下，他亲自指挥大军攻城。随着一声震撼人心的号角响起，八旗兵蜂拥而上。

与此同时，宁远守军震耳欲聋的大炮声也在城上炸响，颗颗炮弹砸向后金大军，不断有人体碎裂，血肉横飞。

激战自清晨持续到深夜，城上城下的士兵都在狂呼中酣战。努尔哈赤自起兵以来，第一次遭遇如此顽固且剽悍的抵抗，暗暗心惊。

第二天、第三天……战势仍然没有任何改变。努尔哈赤不断变换着打法，环城寻找着宁远城的薄弱点，但宁远城仿佛浇筑了铜墙铁壁，不管怎么攻，就是攻不破。

努尔哈赤低估了宁远城红夷大炮的威力，结果搞得自己损兵折将，狼狈无比，最终只能含恨撤离。

《清太祖实录》：帝自二十五岁征伐以来，战无不胜，攻无不克，惟宁远一城不下，遂大怀愤恨而回。

宁远之战，成了努尔哈赤心中的永远的痛。

我含恨离开，留下死因给你猜

努尔哈赤自宁远战败回来，便陷入不可名状的苦闷之中，他开始变得沉默寡言，仿佛得了抑郁症。

曾几何时，战无不胜是努尔哈赤的金字招牌，这招牌一亮出来，甭提有多么威风。

现在，这块招牌被袁崇焕给拆了，拆得七零八落，这对于极好面子的努尔哈赤来说，简直太残忍了。

作为一种心理补偿，努尔哈赤觉得必须打一场大胜仗，让人们重新看到自己的威风，似乎只有这样，他才能洗刷掉宁远惨败带来的耻辱。他把战刀挥向了背叛过自己的内喀尔喀蒙古巴林部。

公元 1626 年，后金天命十一年，大明天启六年，4 月，努尔哈赤以内喀尔喀五部背盟通明为借口，亲自率兵攻打内喀尔喀巴林部，击杀巴林贝勒囊努克，把他的财富一抢而空，把他的部属也一并吞并。

然而，由于远征劳顿，再加上始终解不开宁远战败的心结，忧郁伤神，努尔哈赤病倒了。

当年 7 月，努尔哈赤前往清河温泉（位于本溪）疗养，他让侄儿阿敏宰牛烧纸，祈祷天地神明保佑自己。但是，天地神明没有显灵，努尔哈赤越病越重。

努尔哈赤自知将不久于人世，一面命人传大妃阿巴亥前来见面，一面乘船顺太子河而下。随后，努尔哈赤不省人事。

公元 1626 年 8 月 11 日，这支队伍走到距沈阳 40 公里的瑷鸡堡（今沈阳市铁西区翟家街道大挨金社区），一代雄主努尔哈赤含恨而终，享年 68 岁。

关于努尔哈赤的死，这是目前比较主流的说法，但也有不同的声音。

有人说，努尔哈赤是被袁崇焕的红夷大炮给干掉的。

最早提出这种说法的是一个叫韩瑗的朝鲜人。

韩瑗是一名朝鲜翻译官，当年他随朝鲜使团来到大明，碰巧赶上宁远之战。韩瑗表示，他亲眼看到努尔哈赤被炮击伤，随后袁崇焕又派使者带着礼物前去慰问（羞辱）他，努尔哈赤经过这一伤一气，最后郁郁而终。

除了韩瑗的记载，明史上也有一些类似描述，比如那个力主撤退的高第曾奏报：在后金攻击宁远城时，宁远守军炮毙了敌军一个大头目，敌军瞬间大乱，用红布将这个人包裹起来抬走了，一边走还一边号啕大哭。

这个大头目，有人认为就是努尔哈赤。

然而，宁远大战之后，根据历史记载，努尔哈赤还曾亲征过内喀尔喀巴林部，还曾短兵相接过毛文龙，还曾出城迎接过前来沈阳友好访问的内蒙古科尔沁部奥巴贝勒。也就是说，他非但没有被炮弹当场炸死，而且似乎也没有受重伤的样子。

另一方面，按常理来说，如果袁崇焕在宁远之战中确实击中了努尔哈赤，他一定会向朝廷邀功。然而在袁崇焕给崇祯皇帝的奏折中，却丝毫未提及努尔哈赤在宁远受伤一事。

还有一种说法，认为努尔哈赤既不是死于炮伤复发，也不是死于积愤成疾，而是痛疽夺走了他的性命。根据是，明朝东江将领耿仲明曾向朝廷报告："老努背生恶疮，带兵三千，见在威宁堡狗儿岭汤泉（清河沟泉）洗疮。"

而且袁崇焕也说，努尔哈赤正是因为在宁远战败，忧愤成疾，最后才患上痛疽而死。

这两件事联系在一起，时间、地点、人物、人数都交代得很清楚，看上去似乎形成了完整的证据链，好像努尔哈赤之死就是这么回事。

但是，清朝官书并不承认。他们只说太祖是得病而死，至于得了什么病，则是讳莫如深。

考虑到明朝官方的记载和清朝官方的记载有一定的出入，我们很难言之凿凿地断定努尔哈赤的死因。

努尔哈赤到底是不是死于炮伤，或是抑郁、毒疽都未可知，真相已然被历史所掩盖，而我们，只能尽量做出最贴近历史的推理。

第二章

那些年，皇太极经历的桩桩惨案

谁也不知道两个人最后说了什么。

她陪着努尔哈赤的尸体回到宫中，立刻向众人扔出来一枚重磅炸弹：

"大汗遗命，多尔衮继位，代善辅政！"

没有人知道，她说的究竟是真话，还是为了儿子编造的谎言。

……

皇太极从来不是皇太子

历代帝王在选继承人这个问题上都非常伤脑筋，因为这关系到国家的兴衰存亡，如果一不小心选了一个败家子，那么二世而崩也不是不可能的。

努尔哈赤晚年也遇到了这个问题——儿子这么多，个个都不错，应该选谁呢？

有人说，肯定内定的是皇太极啊，看名字就知道了。你看这名字起的，以"皇"为名，太极生两仪，两仪即天地，简直不要太威武霸气。

实际上，大家想多了。

"皇太极"这三个字其实是由满语音译过来的，也写作"黄台吉"。"台吉"在女真是一种称谓，和贝勒、贝子的性质差不多，在女真贵族的称呼中非常常见，就是一个向往美好、高贵的普通名字而已。

皇太极的其他音译还有："洪太主"、"红歹是"，听听这些名字，再看看"皇太极"这三个字，是不是嗅到了一丝乡土气息？

据说，"皇太极"这个名字，还是乾隆为了美化老祖宗才最终确定下来的，然后便沿用至今。现在所有的历史教材中对于这个人名就逐渐统一了。

不过还有另一种说法，说是皇太极登上汗位以后，有人过来拍马屁，说您的名字发音跟汉人的皇太子很像，说明您命中注定就是大汗。皇太极听了很高兴，大赏拍马者，从此"黄台吉"这个名字的汉文就写成了"皇太极"。

总之，努尔哈赤当初给皇太极起名时，真的没有内定他继承大统的意思。

不过，皇太极可不这么想。

皇太极年少时虽然是庶子，但这并不影响他的野心膨胀。

皇太极人小鬼大，早年间便刻意与德格类、济尔哈朗、岳托等小贝勒们打成一片，有意无意地结成小团伙。

努尔哈赤如此老谋深算，焉能不明白皇太极的心思。

所以在处理皇太极、德格类、济尔哈朗、岳托都牵涉其中的吴尔古岱受贿案时，他虽没有严惩众人，但对皇太极痛加训斥，直接指出"你想当大汗是吗？"

努尔哈赤还发现皇太极有一个臭毛病，就是每次众贝勒议事之后，几个小贝勒都会簇拥着皇太极，送他回家，皇太极也会欣然接受他们的大献殷勤。

努尔哈赤认为，皇太极这是有意在自己的小团伙中树立威信，这种行为很过分，令他感到很伤心，他说："你是我和哲哲唯一的孩子，所以我对你非常宠爱，可是你的贤德何在？你做的事简直太愚蠢了！"

这大概是努尔哈赤对皇太极最不满的一次，但并没有重罚他，只是罚了他 10 两金子和 300 两银子。

或许从这时起，努尔哈赤就预见到自己的儿子们会因为争权而同室操戈。为了使他们尽量不要骨肉相残，公元 1625 年，他带领众子侄一起对天焚香发誓："吾子孙中纵有不善者，天可灭之，勿令刑伤，以开杀戮之端。"

当时，被要求发誓的人有代善、阿敏、莽古尔泰、皇太极、德格类、济尔哈朗、阿济格、岳托等人，很明显，努尔哈赤是想用誓言约束他们，让他们不要相互残杀。

但事实上，在这方面，努尔哈赤本人就做得不好，他的弟弟舒尔哈齐和大儿子褚英都死在了他的手上。

震惊后金！嫡长子褚英之死

褚英，其实是努尔哈赤当初最看好的接班人。

褚英 4 岁时，努尔哈赤以十三副铠甲起兵，他的成长环境可以说一直是刀光剑影、血雨腥风、险象环生，这使得他异常勇猛。

褚英 19 岁时，在很多人还跟父母伸手要钱给初恋买秋季第一杯奶茶的年纪，便已经披甲上阵，带兵打仗，因为作战勇猛，表现出色，被赐号"洪巴图鲁"，意为"旺盛的英雄"。

公元 1607 年，在乌竭岩大战中，褚英领 3000 兵马，对敌兵逾万。褚英与弟弟代善率领众将兵英勇拼杀，以"不成功便成仁"的精神与豪气，沿山奋击，终以少胜多，赢得乌竭岩大捷。努尔哈赤更加赞赏褚英，再赐号"阿尔哈图土门"，意为"广略之人"。

此后，褚英遂被称为"广略贝勒"，这意味着他的才能获得了努尔哈赤的高度认可。10 年之中，努尔哈赤两赐褚英封号，奠定了褚英在兄弟之中的地位，以及无上的荣耀。

这时的努尔哈赤已经到了知天命之年，他开始注意培养儿子，并决定从中选出一个接班人。

但努尔哈赤很快发现，自己最中意的人选，屡立战功、在战场上勇不可当的褚英是个心胸狭隘之人。为此，努尔哈赤忧心忡忡，他实在拿不定主意。

他想了很久，最终决定，对褚英来一次工作考核吧。

公元 1613 年，褚英以嫡长子身份，凭借多年积累的战功，被授命执掌国政。

然而问题来了。

褚英当上实习接班人以后，人性的弱点越发放纵，他想方设法不遗余力地排斥异己、压制兄弟，借以巩固自己的储位。

为了尽早独揽大权，褚英用尽手段。

他先是凌辱努尔哈赤重用的五位大臣额亦都、费英东、何和礼、安费扬古和扈尔汉，表示在座的各位都是垃圾。

然后又威胁自己的四位弟弟——代善、阿敏、莽古尔泰、皇太极，谁要是不服，就弄死谁，强迫他们发誓效忠自己。

这使得四大贝勒和五大臣人人自危。为求自保，四贝勒与五大臣决定强强联手，把褚英从储位上搞下去。

他们在努尔哈赤面前痛诉褚英的三大罪状：

第一，恶意挑拨，意图使四贝勒与五大臣不和；

第二，强横勒索，对诸弟贝勒的财物、马匹强取豪夺；

第三，曾公开表示：我成为大汗后，要将与我有过节的弟弟和大臣们斩尽杀绝！

所谓知子莫若父，努尔哈赤深知褚英在品行上出现了很大问题，但他还想给儿子一个知错能改的机会，就把四贝勒、五大臣的告状文书拿出来给褚英看，如果褚英能够认识到错误，并且改正错误，或许就能得到父亲的原谅和一如既往的扶植。

但褚英完全不认为自己有错，反而更加凶狠地咒骂五大臣与四贝勒，这令努尔哈赤感到非常失望，他开始逐渐削弱褚英的权势，大概此时已经起了换人的心思。

由此，褚英恨上了自己的父亲。

不久，努尔哈赤带兵出征，褚英便将父亲、诸弟弟、五大臣的名字一一写在纸上，加上恶毒的咒语，然后对天焚烧。

这样他还不解气，又恶狠狠地诅咒道："我真心祈祷他们战败，当父亲和弟弟们铩羽归来，我将不会把城门打开，让他们遭遇进退无路的灭顶之灾！"

如此大逆不道的恶毒诅咒，使左右侍卫深感恐惧。他们害怕事情闹大全家受到牵连，于是，为褚英写诅咒文的那位自杀了，其余三人立即向努尔哈赤检举褚英。

努尔哈赤勃然大怒！他万万没想到，自己一直以来重点培养的儿子竟如此没有人性。由于害怕褚英发起疯来连自己也一起暗算，努尔哈赤准备送他离开人间。但又顾虑一旦这样做了，恐怕后代子孙会向自己学习。于是，褚英被囚禁于高墙之中。

本已逃过一劫的褚英，在被囚禁后仍然没有丝毫的忏悔之心，咒骂声不绝于耳，好像全世界都欠他一样。

努尔哈赤担心，姑息养奸会给国家带来灾难。为了维护内部的稳定团结，两年后的 1615 年，他把自己的儿子给杀了。

"老实人"代善的暧昧事件

经历了褚英事件，努尔哈赤心中一阵恶寒，他醒悟到，选接班人这件事，最重要的还是看人品，这次他选中的是代善。

代善16岁第一次随父亲征战沙场，开始了他戎马倥偬的一生。

公元1607年，东海女真斐优城主策穆特赫前来依附，25岁的代善随叔叔舒尔哈齐、哥哥褚英与费英东等大将一同前去迎接，不料中途遭遇乌拉贝勒博克铎的截杀，代善浴血奋战，亲手斩杀博克铎，因而被父亲授予"古英巴图鲁"的称号，意为"最英勇的英雄"。

最重要的是，代善为人宽厚，在褚英出局后，一朝被蛇咬的努尔哈赤现在非常看重个人品德，所以代善成了最符合他老爹新标准的新接班人。

然而，千算万算躲不过人算。

努尔哈赤最后一任大妃是阿巴亥，前文提到过，就是布占泰的侄女，也是政治联姻。

阿巴亥嫁给努尔哈赤的时候年龄很小，老夫幼妻，惹得努尔哈赤非常欢喜。

或许是对这个小娇妻有太多不舍，努尔哈赤曾"托孤"代善，希望代善在自己寿终以后能够善待阿巴亥母子。

代善也没觉得有什么不妥，在他看来，父亲的这种行为无疑是确定了自己未来接班人的身份，父亲百年以后，由自己这个新国主照顾父亲的遗孀，难道不是顺理成章吗？

谁知道，事情就出在了这顺理成章上。

也许说者无心，但听者往往有意。阿巴亥也许是误会了努尔哈赤的话，也许是为自己的将来做打算，总之从此之后，阿巴亥给了代善与众不同的待遇——亲自给代善送饭，在代善面前刻意打扮，看代善的时候总是眼波流转。

代善虽然没有回应，但也没有表示拒绝。这就给了有心人可乘之机。

要知道，代善虽然被钦定为新一任接班人，但四大贝勒中的其他几位也对这个位置虎视眈眈。他们一边暗中培植自己的势力，一边竭尽心力给对手制造事端，这样的"脑力劳动"历来是每一位皇位候选人的必修课。

老实人代善就是在这种情形下吃了一个暗亏，他的青云之路由此被彻底截断。

这次事件的主角是一个叫德因泽的女人，她在《清史稿》连姓名都没留下，所以没人知道她姓什么。据说，她当时只是阿巴亥身边的一个侍女。

不知道是受人指使，还是自己为了翻身上位，反正"夺嫡""宫斗"的戏码在各朝各代都不稀奇，总之，这个德因泽把阿巴亥和代善给实名举报了。

也不知道她有没有添油，加没加醋，反正她说："大妃曾暗中分别赠送给大贝勒代善和四贝勒皇太极自己精心制作的美食，四贝勒推脱不过，只好收下，但一口未吃，大贝勒不但欣然收下，而且吃得特别香！"

她又说："大妃经常打扮得花枝招展，故意性感，在深更半夜去大贝勒家，而且每次大妃看到大贝勒，眼睛都快飞出去了！综上所述奴才认为，大妃与大贝勒之间有不可描述不可告人违背人伦的事情。"

这比东哥的事情更戳努尔哈赤的肺管子，努尔哈赤怒不可遏，下令认真调查，结果发现情况"属实"。但顾虑到"家丑不可外扬"，而且孩子还小，就随便找了个偷盗的理由把阿巴亥给撵出宫了。

然而代善就尴尬了，他没想到因为自己是老实人，不懂拒绝别人的礼物，竟然被扣上了一顶天大的帽子，而且百口莫辩。

虽然努尔哈赤选择相信自己的儿子，相信他没有做出罔顾人伦的事情，但代善从此失去了爸爸的爱，汗位自此与他彻底无缘。

整件事情，最大的受益者只有两人。

一个是德因泽，她因为揭发大妃有功，被努尔哈赤晋升为侧妃，并获得了可以和努尔哈赤同桌吃饭的荣耀。

一个就是皇太极,他最有力的竞争对手被扳倒了,其余两个贝勒阿敏和莽古尔泰则不足为虑。

又因为德因泽在检举辞中将皇太极摘得很干净,所以有很多人猜测,大妃出轨事件背后,是皇太极在搞暗箱操作。

努尔哈赤死后,以皇太极为首的四贝勒又搞出了不知真假的"遗命大妃殉葬"事件,并硬把德因泽一起给埋了,似乎更加印证了人们的猜测。

当然,猜测只能是猜测,没有证据的话谁也不能乱说。但阿巴亥与代善若真有事也就罢了,若是背后有人操纵推手,那制造这场事端的人真的是好手段。好一招一石二鸟,不由人不心生赞叹啊!

这次事件,除了阿巴亥与代善,最痛苦的当属努尔哈赤,他晚年最看重的儿子和最宠爱的妻子每人在他心上狠狠扎了一刀,他不知道人与人之间的信任哪里去了,也不知道诸子之中还有谁的人品和才能配得上继承大业。

是的,直到此时,在他心里,也没有把皇太极放上那个位置。

心灰意懒的努尔哈赤决定不选接班人了,他有了一个很新颖的想法,让"八和硕贝勒共治国政",他把权力下放,通过八旗旗主来协商解决国家重大事务,他希望诸子可以兄弟团结,互敬互爱,协同治理国家,而他则在一旁观察和监督他们。

他希望在他死后,八和硕贝勒能够由衷选举出一个真正的"国主",那个人一定是众望所归。这个想法很美好,也很有民主风范。但人性的自私注定它只能算是一个权宜之计。

不久之后,努尔哈赤便带着遗憾离开了人间。

妈妈发力，多尔衮险些成新帝

努尔哈赤的死不仅爽坏了大明朝廷，而且在东北地区掀起了一股暗流汹涌，更引出了后金皇族之中的血雨腥风。

面对空出来的汗位，各方势力都开始红着眼睛蠢蠢欲动，大家都在暗中观察着身边的人，手里拿着最有力的武器，准备一言不合就向汗位发起进攻。

在这些势力中，最早发力的是努尔哈赤的第四任大妃阿巴亥。

可能有人已经懵了——阿巴亥不是因为出轨事件被离婚了吗？

是的，但人家难道就不可以复婚吗？爱情只是两个人的事情，旁观者不清，也根本看不懂。

总之在那场亦真亦假的桃色事件爆发仅仅一年后，阿巴亥就又恢复了努尔哈赤大妃的身份，原因除了当事人，谁也不知道，其实也不重要。

我们现在只能顺着历史的脉络，去回顾一下那场忘年爱情。

阿巴亥是乌拉贝勒满泰之女，满泰父子被部下虐杀后，她成了孤女。

努尔哈赤帮助她的叔叔布占泰夺得国主之位，冥冥中也将她的爱情一锤定音。

公元 1601 年，阿巴亥被叔叔布占泰作为政治礼物送到建州女真，成为努尔哈赤的小妻子。这年，努尔哈赤 43 岁，阿巴亥 12 岁。

对于刚满 12 岁的阿巴亥而言，建州是一个完全陌生的地方。她一个不谙世事的小丫头，在一个无亲无靠的地方，要面对一群争宠吃醋的女人，她的处境可想而知。她宛如惊涛骇浪中的一叶浮萍，无法预料迎接自己的将会是什么，她承受了这个年龄不该有的人生负重和疼痛。

如日中天的努尔哈赤对布占泰送来的这个娇艳欲滴的小女孩甚是喜欢，她的天真、她的活泼，她的可爱，都让这个进入不惑之年的老男人感觉生命又重新焕发了活力。

阿巴亥也在努尔哈赤的宠溺之下，日渐成熟起来，天生丽质的她此时更是出落得风姿绰约，风情万种，并且敏锐聪慧的天性使她很容易读懂努尔哈赤的心思，宠爱日隆。

就在阿巴亥地位稳步上升的时候，彼时的努尔哈赤大妃孟古哲哲却在忘川河边徘徊。

孟古哲哲便是东哥的堂姑姑，14岁那年被叶赫部当作政治筹码嫁了过来，因为美貌与贤惠，深得努尔哈赤宠爱，为努尔哈赤生下第八子皇太极，并成为第三任大妃。

孟古哲哲现在病入膏肓，她唯一的愿望，就是回趟故乡，去看一看生她养她的亲娘。但她的哥哥纳林布禄因为两家一直在打仗，残忍地拒绝了这个简单的愿望，孟古哲哲含恨而亡。

现在，大妃的位置空了出来，就像国不可一日无君一样，后宫亦不可长久无主，那么，究竟谁有资格继承大妃之位呢？

令所有人都意想不到的是，新的大妃竟然是刚刚来到建州两年，年龄只有14岁，并且没有给努尔哈赤生下一儿半女的阿巴亥！

年纪幼小的阿巴亥不但在尔虞我诈的后宫中很好地存活了下来，而且还能挤开众人脱颖而出，足以见得她的睿智和手段，当然，这一切都离不开努尔哈赤对她的宠爱。

当上大妃后不久，阿巴亥便接连为努尔哈赤生下了三个儿子：阿济格、多尔衮和多铎。作为一个女人，她显然已经到达了人生的巅峰。

在此时的阿巴亥眼里，努尔哈赤既是丈夫，也是令人敬佩的英雄。但老夫少妻的生活，常常令阿巴亥十分担忧，她害怕有一天丈夫故去，自己会变得一无所有，更怕自己成为权力斗争的牺牲品。

当阿巴亥得知努尔哈赤曾公开表示，要将自己和儿子托付给大贝勒代善时，她感觉生命中又洒满了阳光，于是她竭尽所能地接近代善。然而，她的这种女人心思，终于给自己酿成了大祸。

就像我们知道的那样，她被自己的侍女告发了。努尔哈赤实在忍无可忍，他感到这个女人居心叵测，并且令自己颜面无存。于是，努尔哈赤传谕众人，历数阿巴亥种种不端。他本想杀死她，出出这口恶气，又想到她的孩子还小，还是决定"大福晋可不杀"。但从此以后，阿巴亥不得住在汗府。

努尔哈赤给出的说辞是，阿巴亥"窃藏金帛"，按律本该处死，但我们的孩子还小，尚需照料，因此勒令离婚。

仔细想想，阿巴亥都坐上后宫老大的位置了，还需要小偷小摸吗？这样蹩脚的借口，恐怕努尔哈赤也是不得已而为之吧。说到底，他内心并不希望阿巴亥真的被处死。

变化来得太快，太突然，阿巴亥想必还没有反应过来，便从天堂跌入了地狱，从集万千宠爱于一身的大妃，变成了水性杨花的弃妇。她心中也许有很多委屈，但却无处诉说，她只能被迫接受残酷的现实，用全部心思去教养自己的爱子。

细细思量这件事，真的很有意思：八大贝勒中的代善、阿济格、多尔衮、多铎都因此瞬间失势，三贝勒莽古尔泰早在努尔哈赤心中失去了位置，阿敏、济尔哈朗又是外系旁支，有资格问鼎汗位的诸子，只有四贝勒皇太极干干净净安然无事。

不知道一代雄主努尔哈赤是不是也想过这件事。

总之，一年以后，努尔哈赤做出了让人大跌眼镜的决定，他连借口和理由都懒得给出一个，就让阿巴亥重登了大妃之位。想来，爱情应该是能原谅一切的大桥吧。

别人都是一入冷宫凄惨一生，结果人家阿巴亥不过是出去体验了一下民间疾苦罢了，看来不到最后一刻，谁也不知道鹿死谁手。

重获新生的阿巴亥自然格外珍惜这失而复得的福分，她做事越发地谨慎，她兢兢业业地帮助努尔哈赤打理着后宫，处处体现着成熟与睿智。当然，她对努尔哈赤也倾注了更多的热情与心思，老迈的努尔哈赤对小娇妻的宠爱又达到了一个新的高峰。

然而，人生就是这么诡谲多变。那一天，外出泡温泉的老公突然发来急电，叫她速去太子河相见，她无论如何也没有想到，这竟是他们有生之年的最后一次相伴。

谁也不知道两个人最后说了什么。

她陪着努尔哈赤的尸体回到宫中，立刻向众人扔出来一枚重磅炸弹：

"大汗遗命，多尔衮继位，代善辅政！"

没有人知道，她说的究竟是真话，还是为了儿子编造的谎言。

即便她说的是真话，即便努尔哈赤确有让多尔衮继位的遗命，也无济于事，因为没有人相信，或者说没有人愿意相信她的一家之言，因为根据努尔哈赤生前确立的"八和硕贝勒共治国政，共推国主"的政策方针，四大贝勒代善、阿敏、莽古尔泰、皇太极以"多尔衮年龄太小，嘴巴没毛，办事不牢"为由，直接行使了四票否决权。

那么，到底由谁来继承汗位最合适？

毫无疑问，看年龄，看资历，看功勋，看权势，这个人只能在四大贝勒中产生，其他贝勒、贝子即使有候选人资格，也只能当陪跑者。

四大贝勒中原本最有优势的代善，因为不知真假地跟多位小妈扯上关系，早已彻底宣告与汗位无缘；

阿敏虽然高居二贝勒之位，但他并不是努尔哈赤的儿子，他的父亲是舒尔哈齐，血缘关系被其他贝勒甩了好几里；

三贝勒莽古尔泰各方面都挺好，就是人品不好，因为生母富察氏也被传出与代善有绯闻，他竟然弑母悦父，于是后金从上到下没有人不鄙视他。

所以谁才是汗位的继承人，答案只有一个。

大妃殉葬，是遗嘱还是阴谋

据小道消息透露，皇太极在努尔哈赤去世当天，正式选举的前一夜，找到了代善的儿子岳托和萨哈廉，对他们说：

"目前的形势想必你们也都清楚，你父亲当大汗这件事儿，基本上是叫花子丢猢狲——没戏唱了。如果你们够聪明就应该知道，现在的四大贝勒中，只有叔有这个实力问鼎汗位。现在叔给你们一道送分题，回去好好劝劝你们父亲，让他支持我。如果我当上大汗，可以保证你们父子世袭罔替、代代荣耀。当然，你们不支持也没关系，根本改变不了结局，不过以后做错了什么事，可别怪叔不讲情义。"

于是，第二天的董事会上，代善家族率先表态："我不管你们支持不支持，反正我们觉得只有四贝勒有资格坐这个位置。"

在座的各位贝勒也都是眼明心亮、八面玲珑的人精，风往哪边刮，谁能不知道？于是纷纷附议，大家一拍桌子：就这么愉快地决定了！

皇太极再三推脱，但大家都觉得这个位置非他不可。

于是便有了大清第一位皇帝——爱新觉罗·皇太极。

皇太极虽然如愿以偿地将汗位收入囊中，但他心中的那根弦并没有放松，他知道，阿巴亥一天不死，一天就不会放弃为自己的三个儿子争夺权力。而非常凑巧，这时努尔哈赤身边的一个侍卫向众贝勒报告，说自己亲耳听到已故汗王和大妃聊过死后同葬的事情，这条情报让皇太极眼睛瞬间一亮。

公元 1626 年，大清天命十一年，大明天启六年，8 月 12 日凌晨，大贝勒代善当众宣布：四贝勒皇太极正式继承后金汗位。随即又公布父亲"遗命"：先帝早有遗命交代诸王——大妃殉葬！

此言一出，堂下的众人都惊呆了！阿巴亥更是呆若木鸡，她简直不敢相信自己的耳朵！疼自己、宠自己、爱自己的老公，怎么会做出如此残忍的决定呢？阿巴亥认为，这绝不是老公的本意，因为老公去世前说的根本就不是这件事！

但她又能怎样？除了愤怒、绝望和悲哀，她一句话也说不出来。

事实上，当事人之外，谁也不知道这份遗命是真是假。

四大贝勒知道，但他们一定会说这是真的。

阿巴亥也许知道，但话语权掌握在四大贝勒手中。她如果为自己"伸张正义"，摆事实、讲证据，抗争到底，后果也许更让她承受不起，她的三个儿子现在还很弱鸡……

她已经决定好了，她泪如雨下，她希望大家能给她一点时间，让她整理容妆，她希望见到老公的时候，依然是生前的美丽模样。

阿巴亥梳洗打扮完毕，哀求诸贝勒与皇太极："我 12 岁服侍先帝，至今 26 载有余。先帝对我有情有义，我愿意随他而去。只是我的孩子多尔衮、多铎年幼无依，还请诸王念及骨肉之情，保他们此生无虞。"说着，已然泣不成声。

诸贝勒也有些动容，他们答应了阿巴亥的请求，并向她做出保证。

阿巴亥抹干泪水，香魂破碎，时年 37 岁。

被一同殉葬的，还有那个因告发主子而一时获宠的德因泽。

阿巴亥殉葬了，她也带走了一个令人费解的"遗嘱"之谜。

虽然清朝确实有殉葬的习俗，但女子生殉丈夫需要符合两个条件：

第一，必须在丈夫生前备受宠爱；

第二，女子膝下没有幼子需要抚养。

阿巴亥显然不符合第二个条件。所以，生殉势必引起猜疑。

但阿巴亥一死，再也没有人去证实她所传达的努尔哈赤遗嘱是真是假了，也没有人会去在意，殉葬到底是不是出自努尔哈赤的本意。

努尔哈赤是否真的立下殉葬遗命已经无从考证，但随着多尔衮和多铎的长大，并有强烈的称帝意向，不少人猜测，阿巴亥的死多少都与皇太极有关。

试想，按照努尔哈赤生前立下的"八王共治"政策，八王当属平级。

阿济格、多尔衮、多铎都是阿巴亥所生，他们每人掌握一旗，再加上母亲总挈其上，这样的势力谁人能比？

那么要想推举新汗，必然是他们三兄弟之一。

皇太极意识到这一点，他利用其余五旗对三兄弟的畏惧，在努尔哈赤尸骨未寒之际，趁多尔衮、多铎年幼，阿济格不能独抗，导演出一幕矫诏遗命、迫令大妃殉葬的悲剧，从而分割了三兄弟的实力。

皇太极在汗位的争夺中如愿以偿，可怜的阿巴亥只能带着遗憾长眠于地下，同时埋葬的还有努尔哈赤遗嘱之谜。

其实，无论真相如何，阿巴亥都是一名受害者。在权力角逐这场游戏中，阿巴亥成了筹码，无辜被牵扯其中，赔上了青春与性命，成了男权社会的殉葬品。

阿敏这家伙，如今留他不得

历朝历代，围绕皇位的斗争从来没有停止过，这个过程中有人被干掉，有人直接登上人生的巅峰，多数情况下，都是以亲人的鲜血为代价的。

对于皇太极来讲，他最不能忍受的，就是有人与自己并列南面而坐，分享自己的权力，因此，他无时无刻不想着收拾三大贝勒。

女真人不拘礼法的野性，使皇太极从来不缺乏挥舞屠刀的狠戾，可他在打压对手时所暴露的深邃心机，比狠戾更让人感到心悸。

对此体会最深的，当然是他的那帮家族兄弟。而首当其冲之人，就是阿敏。

阿敏，努尔哈赤的亲侄子，四大贝勒之一，江湖人称二贝勒。

事实上，阿敏与皇太极这对堂兄弟是有仇的。当年，阿敏的爸爸舒尔哈齐因为不满皇太极的爸爸努尔哈赤处处压着自己，决定拥兵自立，结果不是哥哥的对手，被关了禁闭，徒刑无期，最后含恨离去。

阿敏当时因为跟着爸爸一起造反，小命也差点玩完，还是诸兄弟一起帮他说情，才得以活命。努尔哈赤为了表现自己的宽宏大量，给了他个二贝勒当，大家旧事不提，心照不宣。

历史总是惊人的相似，或者不断地重演。

当皇太极处心积虑谋求上位的时候，阿敏在关键时刻提出了条件，说要我支持你也行，等你当上大汗以后，要允许我"出居外藩"。

什么意思呢？就是说给我兵马和钱粮，让我找个地方当个逍遥王，这和他爹的拥兵自立本质上没有什么两样。

皇太极当即发了脾气，说你拥立不拥立，都是一样的结局，你说的这事我不能同意！

皇太极和他的爸爸不一样，他并不满足于只当一个部落军事联盟的大酋长，他起码要像明朝皇帝一样，在自己所能掌控的领域里，当一个高度集权、唯我独尊的王。所以阿敏想"分开另过"的想法，是他绝不能容忍的！

或许从这时起，皇太极心里已经有了杀意。

公元 1627 年，后金天聪元年，大明天启七年，皇太极派阿敏领兵打朝鲜。

皇太极有个很好的盘算，他打算用武力迫使朝鲜对后金服软，让朝鲜成为自己的后方支援，同时使明朝失去一个有力的战略伙伴。

但阿敏也有自己的打算，他在攻破朝鲜以后，产生了占地自立、裂土为王的想法。不过这个危险的想法随即被他的弟弟济尔哈朗给制止了。

阿敏的愿望落空，怨气无处发泄，于是纵兵杀掠，三日方休，之后扬长而去。

暂不论阿敏想要裂土为王的罪名，毕竟这个美好的愿望还没付诸行动就已经胎死腹中。可阿敏在朝鲜的残暴行径，对朝鲜人民造成了不可原谅的伤害，极大地影响了皇太极与朝鲜人民的国际感情。阿敏施暴时有多得意，皇太极心里对他就有多气急。

再加上阿敏时不时冒出来的自立为王的想法，为了后金内部的团结稳定，除掉阿敏被皇太极迅速提上了日程。

公元 1629 年，后金天聪三年，大明崇祯二年，皇太极发动"己巳之变"，率后金铁骑首次大举入关，迫使北京城全面戒严，顺便解决了袁崇焕。

皇太极胜利班师，命阿敏留在关内镇守永平、滦州、迁安、遵化四座城池。按皇太极的意思，阿敏就是嵌在敌人心脏附近的一颗钉子！

但是，皇太极只给阿敏留下 5000 人马，5000 人守住四座城，还都是战略要地，这简直是在拿别人的生命赌运气。

明朝自然也知道永平四城的重要性，1630 年，派重兵对其发动猛烈进攻。

阿敏区区 5000 人要对抗数万明军，想不惨败都难。当然，如果皇太极此时派兵支援，形势可能会有所好转，但皇太极没有这么干。

现在，阿敏只有两条路可选：

第一，杀身成仁，舍生取义，与明军死磕到底，当然，这并不能改变城池失守的结局；

第二，将城市来一个大清洗，给明军留下一片废墟，然后扬长而去。

阿敏很明智地选择了后者，大捞了一笔，然后率军跑路，

其实，阿敏的选择从军事角度上讲，并不能算大错，虽然丢了四座城池，但至少没有全军覆没，兵败被俘。至于弃城逃跑这件事，你只给人家5000 人马，还想让人家对几万明军来个反杀吗？太强人所难了！

可是，皇太极表示：你别给我找理由！我要的是结果！

事实上，不管阿敏怎么做，都将难逃罪责：兵败被俘是大罪，不战而逃更是大罪。

皇太极让阿敏以 5000 兵马固守四城，摆明了就是一个陷阱，阿敏的结局从一开始就已经注定。

顺理成章地，皇太极怒斥阿敏丢失城池、拒不听命，一口气列出阿敏16 条罪状。

对于后金的诸贝勒来说，阿敏只是他们的堂兄弟，关系并不亲密；加上阿敏为人自大骄傲、简单粗暴，平时人缘就不好；再加上皇太极明摆着的态度，于是大家纷纷附和君意，落井下石，阿敏陷入了孤立无援的境地。

皇太极给阿敏判了死刑，不过既然目的已经达成，卸了阿敏的兵权，为免其他贝勒心生寒意、兔死狐悲，皇太极做出一副宽厚仁慈、悲天悯人的姿态——"恻然泪下"。他让士兵入城，对包括阿敏在内的战败军官一律免死，大家齐夸：大汗英明！

从此，阿敏彻底离开了后金的权力中心。

死罪虽免，但活罪难逃，阿敏自此一直被幽禁，10 年后，阿敏无声无息地死于狱中。

死一个莽古尔泰，远远不够

阿敏的悲剧，让诸贝勒心有戚戚，大家都开始小心翼翼，格外警惕，生怕皇太极一个不如意，就将矛头指向自己。

但生性莽撞的莽古尔泰表示：别跟我说什么今非昔比，莽爷就是控制不住自己的小脾气！

莽古尔泰是努尔哈赤第五子，自少年时便随父亲驰骋沙场，是个猛人，曾率部连克六城，因功晋升和硕贝勒，在四大贝勒中排行老三，江湖人称，莽三爷。

可以说，不管论出身，论资历，还是论战功，皇太极在他面前都是个弟弟。

那么，在那场世人瞩目的汗位竞争中，他为什么会输给"略逊一筹"的皇太极呢？

因为莽古尔泰人品有问题。

莽古尔泰的妈妈富察·衮代曾任努尔哈赤大妃近 30 年，后因年老色衰逐渐被丈夫疏远。努尔哈赤为了让孟古哲哲当上大妃，以私藏金帛之罪，将她休弃，"迫令大归"。

还有一种说法，说她与代善关系也很暧昧。

权欲熏心的莽古尔泰认为，母亲的"丑事"会断送自己的前程。一心要讨好父亲的他，竟然把屠刀挥向了自己的亲妈……

莽古尔泰的毫无人性，让他在人们心中的形象变得畜生不如，地位从此一落千丈，以至于在推举汗位候选人时，他连一张推举票都没有得到。

无奈之下，莽古尔泰只能识时务暂时做个俊杰，和大家一起支持皇太极。

然而，支持归支持，那只是做给人看的事。其实在莽古尔泰心里，他对皇太极一百个不服气。

至于皇太极，不管莽古尔泰是不是真心支持他，整治莽古尔泰都是必然的。

皇太极最擅长的方法，就是利用战争来削弱对手的实力。

每有战争，他总是把最危险的工作交给他最想收拾的人，就算对方能够完成任务，也会损兵折将，实力大减。

不过，如果对方完不成任务，那不好意思，本汗不能徇私，只好"大义灭亲"了。

如果对方感到委屈，闹小情绪，或者发小脾气，他正好上纲上线，说你思想态度不端正，对领导不尊重，对工作缺乏起码的责任感和热情，立刻停职反省！

总之一句话，他是刀俎，别人是鱼肉，他想怎样就怎样，翻手为云，覆手为雨。

公元 1631 年，后金天聪五年，大明崇祯四年，皇太极统兵 5 万围攻大凌河。

大凌河战役最艰苦的战线在城南，因为明朝在大凌河南边，明朝的援军必然从南面杀来，南线的作战部队很可能会腹背受敌，遭遇两面夹击，所以，这个工作谁都不愿意做。

那么，莽古尔泰，能者多劳，你来吧！

莽古尔泰和他的弟弟德格类奉命统领正蓝旗攻打大凌河南线，因为南线是战略要地，明军炮火非常密集，莽古尔泰久攻不下，伤亡惨重。

他当然不能眼睁睁看着自己的部队就这样打没了，于是跑去找皇太极，要求轮岗。并想趁此机会，要回皇太极从自己身边抽走的护旗亲军。

脏活累活大家轮着干，不能总让一个人牺牲。部队战斗减员严重，申请补充点兵力也合情合理。坦白说，莽古尔泰的要求并不过分。

但这不符合皇太极的目的，他的目的就是削弱莽古尔泰的实力，这么好的机会怎能放弃？

所以皇太极非但不批准莽古尔泰的要求，反而故意嘲讽他，说你们正蓝旗一遇事情就掉链子，真给八旗军丢脸。

性格暴躁、城府不深的莽古尔泰瞬间被皇太极激怒，大声说："你要是对我有成见可以明说，不能这么玩我！大不了老子不干了！"一边说着，一边还把手放到了刀柄上。

皇太极要的就是这种效果，但他觉得还不够刺激，于是猛戳莽古尔泰肺管子，说你以为自己多了不起吗？离开你地球还不转了？你不就是个杀亲娘向父亲献媚的卑鄙小人嘛！

莽古尔泰被人猛戳痛点，气得就要拔刀。德格类见状，知道大事不好，忙把他哥哥推了出去。

但莽古尔泰是个特别能装的人，别人越劝，他越来劲，随手就把佩刀抽了出来，凌空比画两下，瞪着皇太极骂道："你再这么欺负人，信不信老子砍了你！"

莽古尔泰心里真恨不得把皇太极碎尸万段，但实际上这时他不敢。

当晚，莽古尔泰在弟弟德格类晓之以理，动之以情，告知以利弊的情况下，以"喝大了"为由，去找皇太极赔礼道歉。但皇太极闭门不见，不给他这个机会。

随即，莽古尔泰被以"大不敬"议罪，降级、罚款、削兵权。

第二年，莽古尔泰"因病去世"，死状骇人——"中暴病不能言而死"。

莽古尔泰究竟得了什么病？连话都说不出来？天知，地知，你不知，我不知。

莽古尔泰死了，如果事情到了这里能够戛然而止，那对其他人来说，真是莫大的幸事。

然而，明天和意外，谁也不知道哪个先来。

正蓝旗将士出于对老领导的怀念，在莽古尔泰去世周年的那一天，搞了一次排场很大的纪念活动，之后又一起到莽古尔泰的家中慰问老领导夫人。

这简直太不把皇太极的感受当一回事了！

公元 1635 年 10 月，正蓝旗继任旗主、莽古尔泰胞弟、当时 46 岁的德格类"病亡"，同样是"中暴病不能言而死"。

同年 12 月，一个名叫冷僧机的人向皇太极实名举报，自称是哈达公主莽古济的亲信，曾亲耳听到莽古济与她的哥哥莽古尔泰、弟弟德格类商议造反事宜，并密谋要设"鸿门宴"毒杀皇太极。

皇太极笑了，这个举报来得正是时候。

皇太极闻风而动，以迅雷不及掩耳之势，星夜锁住莽古济与额驸琐诺木。

同时，兵分四路，分别将莽古尔泰王府、德格类王府以及正蓝旗主将屯布禄、爱巴礼等人的家宅团团围住，将所有相关人员全部拘捕到案，沈阳盛京监狱一时人满为患。

在抄家的过程当中，工作人员从莽古尔泰家中找到 16 面木牌，上刻"大金国皇帝之印"。皇太极把它们拿给诸贝勒观看，认定是"谋反"的重要罪证。

按罪：

莽古尔泰的儿子额必伦被处死，其余诸子和德格类的儿子均被贬为庶民，给其他王爷当奴使唤。

屯布禄、爱巴礼两人及其所有亲支兄弟、子侄全部被凌迟。一连多日，盛京刑场惨叫声不绝于耳，老百姓听得心惊肉跳。

莽古济虽然是皇太极的异母姐姐，但并没有得到一丝宽容，被处以极刑。

额驸琐诺木，因为转为污点证人，并被认定事先曾向皇太极做过暗示，所以免罪。

随后，皇太极对莽古尔泰、德格类、莽古济旧部进行大清洗，一时间整个盛京都弥漫着血腥的气息，皇太极先后在正蓝旗内部处死 1500 多人，正蓝旗非战斗减员五分之一。

同时，正蓝旗建制被取消，还活着的正蓝旗部众分别被编入正黄、镶黄两旗，由皇太极和他的长子豪格掌管，八旗被缩编为七旗。

后来，皇太极虽然恢复正蓝旗建制，但正蓝旗早已物是人非，今非昔比。

帝王家的政治，从不缺少阴谋与血腥，是最复杂的斗智斗勇，莽古尔泰有勇无谋，注定不是皇太极的对手。只是，血肉至亲之间，难道非要做得如此绝情吗？

也许，皇家至亲骨肉之间，只有权力游戏。

代善能善终，是因为肯认怂

公元 1636 年，皇太极登基称帝，改国号为大清，改元崇德。

随即，封八大亲王，他们是：和硕礼亲王代善、和硕郑亲王济尔哈朗、和硕睿亲王多尔衮、和硕豫亲王多铎、和硕肃亲王豪格、和硕庄亲王硕塞、和硕成亲王岳托、顺承郡王勒克德浑（代善之孙、萨哈廉之子）。

这就是清朝历史上大名鼎鼎的"八大铁帽子王"。

在这八个铁帽子王中，代善一家就占三个，可谓风头一时无两。

不过，看似风光，其实代善一直以来活得并不自在。一心将中央集权进行到底的皇太极，因为忌惮代善的势力，从来没有停止对他进行敲敲打打。

对此，代善的态度就两个字——认怂。

不管皇太极怎样咄咄逼人，他就是没脾气，处处认怂、处处退让，搞得皇太极也不好意思刻意收拾他。

其实早在阿敏倒台的时候，活成人精的代善就嗅到了危险的信号。

俗话说，"当局者迷，旁观者清"，阿敏获罪以后，代善已经隐约感觉到，从四大天王变成三圣临朝，只是一个开始。当莽古尔泰也凉了，三圣临朝变成二人并坐时，知趣的代善果断提出不再与汗同坐，由汗南面独坐，以体现汗至高无上、无与伦比的地位。

皇太极很高兴，代善暂时安全了。

但智者千虑，必有一疏。代善的"疏"，就疏忽在他的老毛病——好色上了。

公元1635年，多尔衮、豪格率大军攻打蒙古扎鲁特及喀尔喀五部，大获全胜，蒙古林丹汗在逃亡路上病亡，林丹汗的八大福晋纷纷归降皇太极。

皇太极为了显示自己"有酒大家喝，有肉大家吃"的风度，一挥手，将林丹汗的福晋赏赐给了他的那帮兄弟子侄们。

皇太极长子豪格得到了察哈尔伯奇福晋，济尔哈朗见到自己小姨子苏泰，心神荡漾。

然而，偌大年纪的代善也看中了富有而美丽的苏泰，就想论资排辈，将苏泰占为己有。

代善明知皇太极已经答应过济尔哈朗，还跟皇太极提要求，说我想要苏泰。

这搞得皇太极很尴尬，只好说："我已经将苏泰许给济尔哈朗了，你不知道吗？"

代善推说不知，敷衍过去。

但是，财色之欲还是让代善有些把持不住自己，以后又多次提出要娶苏泰为妻。

皇太极为了给他台阶下，就把察哈尔汗多罗大福晋再赏给他，谁知代善嫌人家穷，不肯领受，后来直到娶了白富美泰松格格，此事才算作罢。

但代善仍对苏泰念念不忘、耿耿于怀。

与此同时，另一桩婚事也掀起了轩然大波，豪格娶伯奇福晋，惹怒了哈达公主莽古济。

莽古济与前夫生有两个女儿，一女嫁豪格，一女嫁岳托。因此，当她听说豪格又娶了个"三"时，简直气炸了，她当面质问皇太极："我的女儿已经嫁给豪格了，你为什么让他又娶一妻？"

皇太极来了个"王顾左右而言他"，被激怒的莽古济踹门而去，事情闹得很不好看。

代善也不知道出于什么心情，估计是莽古济的怨恨与自己没得到苏泰的不甘，产生了强烈的共鸣，当莽古济回家经过代善门前时，代善一反过去与莽古济不和的常态，亲自将莽古济迎入家中设宴款待，好言宽慰，还送了不少钱财。

代善的做法令皇太极很不满意，认为他是别有用心，于是通知大家开会，在会上弹劾代善，历数代善六大罪状：

第一，出去打仗的时候抗命；

第二，不能恩养属民，不能诚心为国而偏护本旗；

第三，违背汗及诸贝勒定议，欲强娶苏泰；

第四，欺压威胁济尔哈朗、阿济格；

第五，儿子以放鹰为名擅杀民间牲畜，擅杀降民；

第六，与哈达公主莽古济一起怨恨于上。

最后索性直接说，代善他拉帮结派，居心叵测。

不光如此，皇太极堂堂大汗还耍起了性子，罢工，说你们都不尊重我，这个大汗我做不了了，你们还是另请高明吧！

皇太极耍性子撂挑子，诸贝勒头都大了，大家纷纷谴责代善，说你看你把汗给气的，你到底是何居心啊？然后纷纷列举代善的过错，跪求皇太极给代善定罪，不仅要削掉他的爵位，还要减编他的部队。

代善心想，此时还不认怂，更待何时？！赶紧登门谢罪，数次登门谢罪，皇太极见目的差不多达到了，这才"勉为其难"地继续工作，至于对代善的处罚，从轻发落。

代善感激涕零，鼻涕一把泪一把地对天发誓："我如果不为汗鞠躬尽瘁死而后已，我如果像莽古尔泰、德格类一样心怀二志，就让我遭天打雷劈，不得好死！"

这件事到此，算是翻篇了。

其实，代善与莽古济就算不是一母同胞，怎么说也是异母兄妹，哥哥请妹妹吃个饭，怎么了？何至于此？

很显然，皇太极这样小题大做，是因为代善在国中的地位太高了，是仅次于自己的国二号，他若不找点事打压打压，灭一灭代善的威风，削弱代善在众人心目中的地位，给代善敲敲警钟，他自己能安心吗？

莽古济事发之后，代善的麻烦又来了。

代善的儿子岳托因为不相信莽古尔泰和德格类会造反，曾在朝堂之上为他们仗义执言，这是严重的政治错误，皇太极必须要处理：岳托被收押，剥夺郡王爵位和一切军权。

当然，皇太极也知道岳托只是性格耿直，对自己绝对忠诚，于是关押一段时间以后，又将岳托放了出来，希望他戴罪立功。而岳托在征战途中感染天花，死于沙场。

岳托死后，皇太极恢复其郡王爵位。

没过多久，就有人举报岳托，说他生前可能参与过谋反，皇太极直接将举报材料交给了代善，问他："哥，你看怎么办？"

这招够狠，已经去世的岳托也被当成了博弈工具，更毒辣的是，他让代善给自己死去的儿子定罪。

岳托的早逝给了代善极大的打击，但他仍然得活下去，为了向皇太极表忠心，他郑重建议，将岳托"锉骨扬灰，杀戮其子！"

这时皇太极又故作仁慈地表示："岳托从小被我母亲恩养，我也非常疼爱他，就算他一时糊涂萌生了不轨之心，我也不忍心对他施以身后之刑，这件事到此为止，以后谁也别提了。"

代善从此越发谨慎，战战兢兢，如履薄冰，表面上还参与政事，实际上只是随波逐流，已然退居二线。

四大贝勒的历史至此彻底结束，皇太极以大清第一帝的身份独领风骚，一个人站在了权力的最顶端。

最是无情帝王家，一句话道尽了权力博弈的残酷。

也许他们也想做个善人，但他们的身份却不允许。

他们要稳定朝政，还要保证传承，如果心软的话，只会滋生出许多不可承受的风险。

事实上，若没有当初皇太极骨肉相残时的绝情，就没有后来大清皇室中央集权的巅峰。

绝不能再走元朝的老路了

政务之余，皇太极一直在思考这样一个问题——元王朝为什么会被撵下台去？

最后他得出结论：企图搞民族分裂的人，人神共愤！早晚完蛋！

他在元王朝的覆灭中吸取了教训，看到了方向，所以，他大度地接受了曾经长期歧视自己的汉文明，并重用汉人。

在这一点上，他比他的前辈和不少后辈都要高明很多。

他老爹努尔哈赤在向辽东进军的过程中，一直推行民族歧视与压迫政策，对辽东地区的汉人百姓肆意屠杀与奴役，企图以削足适履的办法，将汉族地区纳入后金旧有的体制。

公元 1619 年，努尔哈赤攻陷开原，遇汉人就斩杀，屠百姓六七万。

公元 1621 年，努尔哈赤攻陷辽东，"恐慌民贫思乱，先拘贫民杀尽"。两年后，又"恐富聚众致乱，复尽杀之"。

由于后金实行屠杀与奴役政策，导致人口大量逃亡，壮丁锐减，田园荒废，加上天灾接踵而至，经济情况迅速恶化，后金国一度陷入生存危机。

皇太极以政治家的敏锐、改革家的明智，意识到政权要生存，要壮大，就必须改变这种民族隔阂、仇视的现状，那就必须改变民族政策。

所以，他一即位，就强调"满汉之人，均属一体"，以这一新的基本国策为指针，实行了一系列缓和满、汉民族矛盾的新举措，主要有这么几项：

一、发布《离主条例》，规定，如果主人有下列六种不法行为：

私自进行采猎活动；

私自藏匿战利品；

擅自杀人；

强奸妇女；

冒领战功及威胁阻止告发主人；

奴隶都可以向汗王告发，只要情况属实，告发人可以与主人脱离主奴关系，离开主人家。这就为沦为奴隶的汉人提供了一个可能恢复自由、不再做奴隶的机会。

二、实行满人和汉人"分屯别居"。

努尔哈赤进占辽沈地区时，把汉人都分给满人做奴隶，满人住在汉人家里，吃、穿、用都由汉人供给，汉人还要受满人役使，境遇十分凄惨。

皇太极即位第八天，就发布满、汉"分在别居"的谕令，把原来已经分给满人做奴隶的部分汉人，从满人手下拨出来，恢复自由居民的身份，派汉人官员管理。

这就使辽沈地区大约40%的汉人摆脱了奴隶身份，这些汉人的境遇有所改善，自然对满人的抵触情绪和仇恨情绪就有所缓和。

三、新降汉人"独立屯住"。

"分屯别居"，是皇太极针对努尔哈赤时期征服的辽沈地区汉人所实行的新政策。

而皇太极即位后，对待所征服的新地区、新汉民，他一开始就让他们照旧独立屯住。

新降服的汉人生活照旧，不受干扰，当然也就不会激化民族矛盾。

四、仿照明朝制度，开科取士，为汉族知识分子提供晋身之阶，使他们有了能够跻身于社会上层的机会，有了政治出路。

皇太极主持的第一次科举是在公元1629年，参加考试的生员有300人，全是努尔哈赤时期侥幸躲过屠杀，沦为满人奴隶的汉族士人。

科考结果，选出 200 人，赏赐绸缎、布匹之外，还各家免除两个人的差役负担。

后来又举行过两次，前后共取士 444 人，其中宁完我、马国柱等人积极提出建议，在国家建设中起了不小的作用。

五、号召广泛举荐有才干之人，尽量发挥汉人的才干。

科举考试为皇太极争取了读书人，但还有很多有才能的人并非读书人，为了争取他们，皇太极几次谕令荐举贤才，自荐和保荐都可。

这一举措也收到了实效，像通过荐举被任用的鲍承先、陈锦、李率泰、刘弘遇等人都成为重要官员，发挥了很大作用。

六、对汉官优礼相待。

皇太极对汉族官员给予了很高的礼遇，生活上三日一小宴、五日一大宴，赏赐钱财、田地、各种生活用品，还把满族贵族或大臣的女儿嫁给他们为妻。更重要的是，保留他们原来在明朝时的官职级别，有的还予以升赏，同时对他们表示了最大的尊重和信任。

他优待汉官最有代表性的事例是对范文程的信任和倚重。

范文程是明朝生员，富于韬略，文武全才，早在公元 1618 年就主动投奔努尔哈赤，"仗剑入军门"，但一直没有得到重用。

皇太极即位后，将他召入直文馆，十分倚重，一应大政方针、军机要务都要听取他的意见，凡重要文书、文告都由他一手拟定，皇太极甚至不加审阅。他也确实在帮助皇太极运筹帷幄、决胜疆场上提出了许多宝贵建议，起了很大作用，后人将他比作汉高祖时的名相曹参。

当然，尽管在当时，汉民与满人的矛盾不可能彻底解决，但皇太极的这些措施，还是明显地改变了努尔哈赤时期辽沈地区的紧张局势，特别是争取到了许多汉族上层人物的真心支持，他们在清朝的强盛和入主中原的战争中，起到了无法替代的巨大作用。

袁崇焕、洪承畴，你们不是对手

皇太极自继位以后，就一直想着为父报宁远之仇，可是袁崇焕的红夷大炮着实霸道，要是跟他硬磕，胜算不多。

其实，他试过，输得挺惨的。

皇太极经过细致的研究，决定采取迂回策略，绕过袁崇焕去骚扰北京城里的皇帝，让袁崇焕的老板去找他晦气。不是有那么句话吗？他山之石，可以攻玉。

公元 1627 年，后金天聪元年，大明天启七年，皇太极决定挥师朝鲜，先凿掉明朝一个战略伙伴。

这场仗打了将近四个月，朝鲜尽力了，最终沦为战败国，被迫签下《江华盟誓》，保证再不支援毛文龙。

倘若明朝在这个节骨眼上派遣精锐部队，袭金援朝，朝鲜还能这么轻易被打跪吗？

结局难以预料。

但袁崇焕趁机夺下无人防守的锦州城以后，便开始待在城里修城墙，大明自扫门前雪，未管朝鲜瓦上霜。

公元 1628 年，后金天聪二年，大明崇祯元年，袁崇焕和崇祯皇帝朱由检打了个赌，说自己五年平辽，赌注是自己的项上人头。

同时，皇太极趁蒙古内乱，发动侵略战争，将林丹汗驱逐出境，迫使蒙古诸部与其结盟。

如果明朝在这个节骨眼上派遣精锐部队，袭金援蒙，蒙古会那么容易屈服吗？

结局有无数种可能。

但朱由检先生此时正忙着收拾魏忠贤余党，抽不出工夫思考蒙古的事情。

而袁督师此时正筹划着怎样干掉毛文龙，同样没有工夫向后金出兵。

公元1629年，后金天聪三年，大明崇祯二年，魏忠贤余党被消除干净，毛文龙也被袁督师索了小命，皇太极发动"己巳之变"，绕过宁锦防线，兵分三路，直接打到北京城。

哎，要是朝鲜未败、毛文龙还在，他们与袁崇焕遥相呼应，三面夹击，皇太极焉敢置老巢于不顾，率重兵长途奔袭？

要是林丹汗还在，要是蒙古未与后金结盟，皇太极不死磕山海关，怎能杀到北京城？

看来，朱由检先生和袁督师都有一种"不怕死"的精神啊。

是年，腊月初一，冷酷寒冬，袁督师驰援北京，崇祯不准他的部队进城，大军粮草用尽，荒郊露营，但还是击退了后金的一次次进攻。

皇太极拍了拍脑门，计上心头。他这个计出自《三国演义》，参考的是"蒋干盗书"，叫反间计。

据说，皇太极抓了两个明朝太监，然后一顿捆绑，扔进囚房。

到了深更半夜，太监"睡觉"的时候，他让看守者在门外小声说："袁督师和大汗早有约定，北京城不日可破。"

结果两个太监根本没睡着，其实看守者也知道。

到了第二天，皇太极随便找了借口，演一出戏，就把两个太监给放了。

太监回到宫中，立马向崇祯先生检举袁崇焕，"通敌"给了满心猜忌的崇祯下决心干掉袁崇焕的理由，成了压倒袁督师的最后一根稻草。

崇祯先生以议兵饷为名，召袁崇焕进城。但城门紧闭，如何进去？

袁崇焕被装进了一个筐里，堂堂兵部尚书、蓟辽督师，被装进筐里，用绳子吊到城中，随即被捆绑。第二年，袁督师被正了国法，死法：千刀万剐。

皇太极以一条拙劣的反间计，完美地完成了借刀杀人之举。

袁崇焕死后，孙承宗接管辽西，但，根本打不过皇太极。

此后的几年，皇太极频频发兵侵袭，战火燃至河北、山西、山东、江苏地区。

东北的战乱又让西北的农民军捡了便宜，大明朝内忧外患，奄奄一息。

崇祯先生没有办法，只好把正在西北剿匪的洪承畴叫来应急。

公元 1641 年，大清崇德六年，大明崇祯十四年，大明督师洪承畴统大同总兵王朴、宣府总兵杨国柱、密云总兵唐通、蓟镇总兵白广恩、东协总兵曹变蛟、山海关总兵马科、前屯卫总兵王廷臣、宁远总兵吴三桂，共八大总兵 13 万人，4 万匹马，浩浩荡荡杀向锦州，打响松锦会战！

此战，清军投入兵马 11 万，大明在兵力上占优。

但是，大明诸将中，除洪承畴、曹变蛟、吴三桂比较能打外，其他人都不太能打！

而满州八旗，除极个别人不太能打外，其他人都特别能打。

于是，战斗刚刚打响，明朝 13 万大军便被清军断了粮道，随即被团团围在松山，三天没有吃饭，士气彻底被饿散。

洪承畴将八大总兵召集到一起，希望集众人之力商量个锦囊妙计，大家一起突围出去。

八大总兵个个摩拳擦掌，准备大干一场。

然后，大同总兵王朴率部跑了，接着，吴三桂、唐通、马科、白广恩、杨国柱见样学样，都跑了……只剩老洪和前屯卫总兵王廷臣、东协总兵曹变蛟仍留在包围圈中，叫天天不应，叫地地不灵。

公元 1642 年，大清崇德七年，大明崇祯十五年，2 月 21 日夜，内鬼夏承德大开城门迎清军，松山失陷，洪承畴、王廷臣、曹变蛟都成了俘虏，王、曹二人被处死。

而老洪说，什么威逼利诱、大刑伺候、高官厚禄，金钱美女，皇太极你尽管上吧，洪爷我要是动一下心，我就不是个人。接着，便开始跟皇太极玩绝食。

皇太极劝得口干舌燥、言尽词穷，老洪丝毫不为所动。皇太极没有办法，脱下自己的裘皮大衣，轻轻地给老洪披在身上，正转身欲走。然后，老洪降了。

大明皇宫，朱由检一边摇头叹息，一边掐算日子，觉得老洪差不多饿死了，于是下旨：开会！

他要给老洪开一场规模超级宏大的追悼会，要给活着的大臣们上一堂生动的爱国主义教育课。

会上，朱由检情凄意切，沉痛致辞：

"呜呼洪卿！生而为英，死而为灵！想我大明，没你不行……"

正念到情深处，山海关发来急电：

——洪承畴降了，现在和皇太极称兄道弟，关系不要太亲密！

朱由检虎躯一震，只觉两眼发黑，当即下旨：散会！！

正当朱由检一个人在皇宫里发愁苦闷，不知怎样破解这混乱局面时，山海关又发来急电：

——皇太极死了！死因竟然是——没毛病。

公元 1643 年，大清崇德八年，大明崇祯十六年，9 月 21 日，大清开国皇帝皇太极，在中原未得、大欲未遂之际，突然无疾而终。死因遂成为至今未解的一个谜。

铁汉柔情，终究挽不回红颜薄命

英雄、美女，构成了许多爱情故事的主线。

皇太极是个铁汉——亲冒矢雨、攻城略地；

他又充满柔情——对心爱的女子温情似水，痴心绝对，甚至爱到雄心破碎。

皇太极后宫中有五位后妃，包括孝端文皇后和后来的孝庄文皇后，个个都是艳丽超群的美貌佳人，然而，其中最让皇太极情根深种的，莫过于关雎宫宸妃海兰珠了。

海兰珠是蒙古科尔沁贝勒寨桑之女，博尔济吉特氏。她是孝端文皇后的侄女，孝庄文皇后的亲姐姐，只比孝庄大 4 岁。

按理说，皇太极已经在博尔济吉特氏家族中得了姑侄二人，不应该贪得无厌，再娶海兰珠了，那他为何又把自己的大姨姐娶进了门了呢?

原因很简单，在海兰珠入宫之前，孝端文皇后和庄妃都没有生下男孩，而科尔沁部落自然希望本部妃子能生个男孩继承后金汗位，这是部落利益的保障。于是，科尔沁部就有了再送姑娘入宫的打算。

皇太极早就听说大姨姐海兰珠长得漂亮，十分垂涎。

公元 1633 年，孝端文皇后哲哲的母亲科尔沁大妃领着次妃（海兰珠、庄妃的母亲）来沈阳见皇太极，皇太极大献殷勤，极为热情，双方就此又敲定了一桩婚事——择日送海兰珠过门。

海兰珠的美使皇太极神魂沉醉，入宫后，两人情投意合，如漆似胶，整天腻歪在一起。皇太极直接冷落了后宫诸妃，将满腔的爱都倾注在海兰珠身上。

皇太极改元称帝建立大清时，海兰珠被封为关雎宫宸妃，地位仅次于皇后哲哲。

姐姐被纳为妃，并且立即得宠，在别家后宫，像庄妃这样的地位，很难与之和谐相处，必然争风吃醋，闹得姐妹失和。

但庄妃是个很有心计并且深明大义的女子，为了博尔济吉特家族的利益，她没有发动宫斗，她与姑姑哲哲和姐姐宸妃一起侍奉着皇太极。

海兰珠果然是博尔济吉特家族的希望，入宫第二年，她便为皇太极生下一子。皇太极龙颜大悦，整个后宫喜大普奔，这个孩子很快就被确定为皇位继承人。

皇太极破天荒地颁布了大清朝第一道大赦令，大赦天下。

可惜，这个孩子福薄命短，来到人间刚半年，便离开了人间。

爱子的夭折对海兰珠造成了巨大的精神打击。海兰珠终日郁郁寡欢，终于抑郁成疾。

公元 1641 年 9 月，皇太极正在松山围打洪承畴，盛京突然传来消息，说宸妃病危了！皇太极瞬间魂不附体，将军务大事全权托付给多尔衮，自己星夜兼程赶回家中。

当他进入关雎宫时，宸妃已经驾返瑶池。

痛失我爱，皇太极悲恸欲绝，寝食俱废，直到昏死过去，后几经紧急抢救，才渐渐苏醒过来。

出于对妻子的深爱与思念，皇太极为海兰珠举行了非常隆重的丧礼，赐谥号为"敏惠恭和元妃"，这在清代妃子的谥号中，是字数最多的。

皇太极还为海兰珠安排了各种各样的祭奠活动，他多次率领王公大臣们到海兰珠的殡所祭奠，并下令：在宸妃发丧期间，免去朝贺仪式，停止国内筵宴乐舞。胆敢违令者，不管什么地位，绝不姑息。

郡王阿达礼、辅国公扎哈纳，都因违反规定而被削了爵。

海兰珠死后不到两年，皇太极也命归了九泉。皇太极对海兰珠这种真情笃意，在历朝皇帝中也不多见。

海兰珠去世后，皇太极再也没有领过兵打过仗，他的雄心壮志似乎在一夕之间便跟随至爱远去了。

他整日愁肠百转，郁郁寡欢，身体越发不堪。两年后，他猝然宾天。

有人说，爱情，就是他的死因。

也许，正像《眼儿媚》中写的那样：

丈夫只手把吴钩，能断万人头。如何铁石，打作心肺，却为花柔。

尝观项籍并刘季，一怒世人愁。只因撞着，虞姬戚氏，豪杰都休。

第三章

我做得了紫禁城主，却做不了
自己的主

生命中巨大的痛楚使原本恣睢无忌的福临日渐消沉，他开始厌倦这纷扰复杂的万丈红尘，他决定，遁入空门。

他也许在心中暗说：此生愿为你吃斋念佛，愿你在天堂幸福快乐……

公元1660年，顺治十七年，10月，董鄂妃去世不久，福临在北京西苑万善殿让行森禅师为他举行净发仪式，他要了断这三千烦恼丝！

……

两虎争锋，睿王阴险，福临躺赢

皇太极"没毛病"地死了，刚刚诞生的大清却患上了重病。

出现的还是那个老问题——谁来做新皇帝？

由于皇太极死得太突然，没来得及跟大家交代后事，也没有负责任地立下遗嘱，这就让很多人都觉得自己有机会成为大清之主。

于是，朝堂之上暗流汹涌，皇室众人虎视眈眈，皇位之争即将达到同室操戈、骨肉相残的地步！

大清，刚刚立国，就遭遇了致命威胁，这个局面谁来化解？

现在，就让我们一起回到那遥远的从前，来一段杀气腾腾的现场直播。

公元 1643 年 9 月 25 日，皇太极龙驭宾天第 5 天，人未走远，尸骨未寒，多尔衮就将诸王大臣喊到了崇政殿——今天的会议主题是——以后大清由谁说了算？！

当时，清廷还没有入关，不遵循汉人"父死子承"的传统，所以从理论上说，皇太极的众多兄弟子侄都有资格参加大选。

当然，实力才是最终成为候选人的前提和条件。

当年的八大贝勒被皇太极差不多撸了一遍，现在的候选人新老掺杂，各领风骚。

目前，实力允许并出席会议的候选人有：

礼亲王代善，皇长子肃亲王豪格，郑亲王济尔哈朗，睿亲王多尔衮、英郡王阿济格，豫郡王多铎。

这其中：

代善年龄太大了，而且长期被边缘化，基本跟皇位说拜拜了！

济尔哈朗是皇太极的堂弟，属于外系，血亲浓度和其他人没法比，很自然地被屏蔽。

阿济格和多铎是多尔衮的亲兄弟，实力都还可以，但三商不够顶级，他们也知道自己不太适合当皇帝，所以干脆为多尔衮呐喊摇旗，做多尔衮的左膀右臂。

这样一来，局势就明朗了——皇位之争，实际上就是豪格 PK 多尔衮。

战鼓一响，各就各位，大家开始站队。

当时的八旗，皇太极辖两黄旗，豪格统领正蓝旗，两黄旗只有支持皇太极的子嗣，他们的利益才能得到最大保障，所以两黄旗和正蓝旗表示："父子，父子，父亲的遗产必须交给儿子！我不管别人支持不支持，我们一定要立皇子！"

那么理论上，豪格得到了三个旗的力量支持。

多尔衮和弟弟多铎手里握着两白旗，两白旗只有将多尔衮捧上皇位，他们的利益才能被放飞，所以两白旗万众高呼："除非多尔衮做国主，否则我们谁也不服！"

那么理论上，多尔衮有两个旗的势力支撑。

现在，纸面上是三旗对两旗，如果按少数服从多数来决议，豪格当选没有问题，但这只是个伪命题。

事实上，豪格与多尔衮在实力上不相上下，两人半斤八两，双方互不相让，剑拔弩张。

现在，决定胜利天平向哪边倾倒的是正红旗、镶红旗与镶蓝旗，他们为谁站队，谁就可以登上皇位。

那么问题来了，其余三旗会选择支持谁呢？

两红旗旗主代善表面上支持豪格，但实际上，这二位不管谁当皇帝，对他影响都不大，他还是一样被边缘化。

所以代善的真实态度其实是——坐观其变，风往哪边倒，我往哪边跑。

镶蓝旗旗主济尔哈朗则更是洒脱，反正这个位置永远轮不到我，我干嘛操心那么多？少数服从多数好了。

所以济尔哈朗虽然表示和大家一起支持豪格，但也是随风摇摆着。

公元 1643 年 9 月 27 日，皇太极头七的那天，皇位争夺进入白热化阶段。

两黄旗大臣与豪格码齐人马，准备一言不合就开打。

多尔衮、多铎与阿济格，也是人狠话不多，表面不动声色，暗中倾注全力准备和豪格死磕。

大家都明白，现在，到了最后摊牌的时刻！

豪格决定，放手一搏！

豪格自以为胜券在握，很虚矫地对大家说："我德行浅薄，怎么能继承皇位呢？"

换而言之——说我不行是吧，那谁行谁上啊！

豪格说完，鳌拜、索尼等两黄旗大臣公然佩剑上殿，进言："先帝对我们有大恩大德，皇位要是不给他儿子，我们就不活了！"

豪格这招很阴险，他假装谦让，给自己立道德牌坊，却让两黄旗大臣出面，进行兵谏。

豪格觉得自己简直不要太高明，其实，他这步棋臭得不行！

首先，像代善、济尔哈朗那样原本保持观望的亲王，瞬间就改变了立场——这小子还没当家呢，就敢对我们进行武力威胁了，这要是让他当家，大家伙还能有好日子过吗？

再者，豪格的计策有一个大 bug——两黄旗只说必须立皇子，可皇太极儿子那么多……

多尔衮微微一笑，心中有了计较。

多尔衮说："两黄旗诸位说得对，就该皇子坐皇位！既然豪格不愿干，就让福临坐江山！国家大事他做主，我和朗哥来辅助！"

两黄旗都准备拔刀了，多尔衮这一番"慷慨陈词"，硬生生把局面给破解了！

多尔衮的话看似简单，其实暗藏利剑！

第一、多尔衮虽然放弃争皇位，同意立皇子，但钻了豪格和两黄旗的空子，让他们哑巴吃黄连，有苦说不出。

第二，福临的母亲庄妃，是皇后哲哲的亲侄女儿，同出自蒙古科尔沁部博尔济吉特氏，立福临，必然能够得到皇后哲哲和蒙古人的大力支持。

第三、福临才六岁，多尔衮这就有了把他弄成傀儡的机会，他又拉上济尔哈朗垫背，使得镶蓝旗也不得不为福临站队。

这么一看，多尔衮虽然年纪轻轻，但说他老谋深算一点也不夸张，这一招以退为进，满满的全是套路！

果然，多尔衮一说完，大家纷纷表示："就这么办！"

豪格和两黄旗大臣纵然心有不甘，却有口难言，又不能拔刀相向，毕竟大清现在最主要的任务是入关夺江山，这个时候谁也不想搞内乱。在这一点上，他们保持着统一的意见。

就这样，一场凶险无比的皇位之争神奇般地没有流血就解决了。

福临登基，为顺治帝。

朱由检尸骨渐凉，大顺军无限膨胀

大明皇宫，朱由检收到皇太极的死讯，一扫连日来的阴霾，正琢磨着如何趁他乱，要他好看，西北又发来急电：

——李自成血洗宁武关，周遇吉将军为国殉难！

满朝文武捶胸顿足、扼腕高呼："痛哉！真忠勇良将也！"

但周遇吉将军估计死不瞑目，不知道他死前有没有与李自成进行这样的灵魂对话：

周遇吉："来，李枣儿，咱俩唠唠！你率兵打代州，我带兄弟们遁走。你如果从代州往东经平型关出太行山，就是紫荆关，过拒马河就是房山，北京城近在眼前！这条路线进京是不是最短？"

李自成："嗯嗯，周兄，你地理学得非常好！"

周遇吉："那你为什么又回身往西打我退守的宁武关？！我都把路让给了你，你还追着我血战到底，非逼着我英勇就义？我钓没钓过你的鱼？霸没霸过你的妻？占没占过你家宅基地？我看，你小子是不敢进京当皇帝！"

李自成："老周，你知道的太多了！"

"咔嚓"一声，大刀向周遇吉头上砍去。

周遇吉将军死前表示："老子从没想过为国捐躯！！"

坊间由此多了这样一个哏——地理不好李自成，被逼殉国周遇吉。

刚刚打下宁武关的李自成并没有很开心，相反，他很郁闷：说实话，哥们就是想弄点钱花，没想过真去北京城啊！话说大明的总兵们，你们就不能认真抵抗一下子吗？

这个问题让李自成很头疼，思来想去，李自成决定：召集干部，开会！

会上，李自成积极倡议："兄弟们，宁武关都这么难打，前方凶险，要不咱回家吧！"

据《明季北略》记载，打下宁武后，李自成曾对手下将领说："宁武虽破，但咱们也受创不轻。从这里到北京，尚有大同十万兵，宣府十万兵，居庸关二十万兵……都像宁武这样打下去，咱们自己也被打残了，不如先回陕西，休养生息，将来再做打算。"

大家一致认为：闯王说得对！

结果李自成刚要班师回去，大同、宣府总兵先后不战而屈，高调表示："朱由检这小子没能力，我们愿意辅佐闯王当皇帝！"

这就尴尬了……北漂这条路，李自成只能硬着头皮走下去。

这个时候，李自成简直为明朝十几万俘虏的吃饭问题操碎了心——人家都降了，总不能让朱由检继续发军饷吧。但问题是，大顺军自己还没真正吃饱饭呢！

所以这十几万降军对李自成来说，算不上如虎添翼，反而成了沉重的负担。

所以来到北京城下，李自成首先思考的问题不是如何破城，而是如何谈判。

他给朱由检写了一封信，一反常态地不再骂朱由检是昏君，而是客观地评价说"君非甚暗"——你当皇帝还是不错的。

然后很愤慨地对明朝群臣发出谴责，说你们一直被老朱家恩养着，做人是要讲良心的，为官要有职业道德，要懂得忠君爱国——求求你们别降了，我其实没有那么大野心的！

最后，李自成暴露了自己的真实目的——你还当你的皇上，封我做个西北王，每年给我百万军饷，这仗咱们就不打了。

然后，他苦口婆心地给朱由检讲合作的好处：你要是答应了我的条件，我就把西北以外的地盘和军队归还，更能在必要的时候帮你内平贼寇，外制清狗。

为了使朱由检先生同意，李自成也是豁出去了，将农民军称为贼寇，狠起来连自己都骂。

但是，朱由检先生死活不同意，因为他要维护一个皇帝的尊严，更重要的是——他没钱！

朱由检为了强军强国，曾经也众筹过，结果满朝文武都说："没钱，老板我们没钱！"

（注：以上桥段，根据史书《明季北略》《鹿樵纪闻》《甲申传信录》记载改编，至于当年有没有切实发生过，只能说仁者见仁，智者见智了。如果认同，不胜荣幸。）

得了，如此真心实意，也没能感动崇祯皇帝，如果还不发脾气，传扬出去，我李某人岂不是颜面扫地？

李自成只好带兵攻打北京城了。倘若朱由检没有自绝于煤山，倘若他们二人见了面，李自成肯定会对朱由检说："大兄弟，你咋比俺们西北人还犟呢！"

李自成进京以后，刚开始那几天，要做个好皇帝的理想还很坚定，他曾下令："敢有伤人及掠人财物妇女者，杀无赦！"

京城的生活秩序在那些天里还不错，商铺正常营业，老百姓也还能安居乐业。

当时，曾有两个士兵进商铺抢劫，李自成得知后，二话不说就给凌迟了。官媒高调宣传，老百姓奔走相告，都说"闯王好，闯王妙，闯王当皇帝呱呱叫！"

然而，农民军的意志总是有限的，没过几天，李自成自己就先按捺不住了。

他在明皇宫内找了个叫窦美仪的女子，从此一头扎入温柔乡，这是个腐败的信号。

果然，大顺军将士从上到下都开始迅速堕落，他们谁也不闲着，抢钱、抢粮、抢姑娘，老百姓再也不唱"迎闯王，不纳粮"了。

那么，大清在做什么呢？——枕戈待旦，一触即发——睿亲王多尔衮下令：凡七十以下、十岁以上的男丁全部进入备战状态！

他来了，他来了，他带着八旗打来了！

李自成从陕西起兵，至如今挥师入京，也曾八面威风，也曾险些丧命，创业的路危机重重，是坚持让他一次次重获新生。

这些年来，他创下了不少战绩，也收了不少兄弟，但真正属于他的领地寥寥无几，在他周围，一直环绕着虎视眈眈伺机而动的强敌。

现在，他虽然入京当了皇帝，成了北漂人士的一面旗，但这个位置他坐得很没底气，他对多尔衮、张献忠、吴三桂这些人多少还有些畏惧。

于是，他派原密云总兵唐通去山海关游说，希望通过前明同事现身说法，说动吴三桂率部来归，为大顺朝站队。

他承诺：老吴只要你愿意跟我，咱们以后就是好兄弟了，大家有肉一起吃，有酒一起喝，我还可以给你们家一个侯爵！

吴三桂坐在总兵府中，也是一脸愁容，他一手拿着李自成的招聘书，一手握着多尔衮的亲笔信，思考着何去何从。

自立为王显然是不现实的，自己现在尴尬地夹在大清和大顺中间，一个不小心，就会被两头猛兽撕成碎片。

可是，如果降大清，势必要背上"汉奸"的骂名。

跟李自成也不是不行，叛徒总比汉奸要好听，但既然要背负叛徒的负重，这个好处是不是可以再争取一下？

最后，吴三桂在叛徒和汉奸之间，选择做个叛徒。

然而，他的想法很美好，事情的发展却出人意料。

正当吴三桂准备去北京和李自成再谈谈条件的时候，探子传来消息：李自成的好兄弟刘宗敏强行霸占小夫人，暴力殴打老太爷！

污妻辱爹，是个男人都不会忍的！

吴三桂痛苦地大喊一声："圆圆！"开始了"冲冠一怒为红颜"。

李自成听闻吴三桂降而再反，迅速派人调查前因后果，但他并没有严惩自己犯下大错的兄弟，因而失去了安抚吴三桂的最后契机。

相反，他亲率20万大军前往山海关向吴三桂示威，摆明了：我比你有实力，我就可以欺负你。

吴三桂深知，自己的关宁铁骑虽然勇猛剽悍，但和李自成兵力相差太远，这场仗打起来毫无胜算。怎么办？！

关宁铁骑到了最危险的时刻，吴三桂眺望着雄踞关外的满洲八旗，他决定向多尔衮"借兵"……

公元1644年4月21日，李自成大军抵达山海关，向吴三桂发出最后通牒，吴三桂很干脆地予以拒绝。

李自成兵分两路，对山海关发起猛烈进攻。

双方鏖战至5月初，山海关北翼守军举旗投降，关宁铁骑已呈崩溃之势。

而此时，说好伸出援手的清军却毫无动静。吴三桂多次派人前去求援，但多尔衮就是静若处子。

多尔衮自有打算，他要将关宁铁骑置于垂死之地，逼吴三桂将"借兵"改为"降清"，他在下很大的一盘棋。

公元1644年5月27日，吴三桂在苦撑一个月以后，城中残甲遍地，墙头中断指可掬，穷途末路之际，他和多尔衮达成了投诚协议。

当天，吴三桂返回山海关，按约定率5万余人出战，同时撤掉防线迎清军入关。

曾经固若金汤的边防要塞山海关此刻东门大开，满洲铁骑如潮水一般穿过关门，涌入关内……而李自成，对这一切浑然不知。

当日午时，山海关战场在大风中飞沙走石，李自成自以为胜券在握，将要对吴三桂完成人头收割。突然，大量白旗军杀将过来，瞬间冲破大顺军阵势，大顺军在一片"满兵来矣"的惊呼声中溃如决堤，鲜血顺流成河，死尸遍野相叠……

山海关之战，大顺军损兵数万，李自成实力大减，从此被清军一路追歼，最后带着仅剩的20余人逃至湖北九宫山，历史上关于他的记载就再也没有出现。

有人说，当年拥兵百万的闯王被九宫山地主武装杀死了……

有人说，李自成大起大落，看破红尘，遁入了空门……

后者，应该只是个传说……

公元1644年，顺治元年，清军入关，问鼎中原。

多尔衮率军进入北京城，随即与众人讨论迁都北京的问题。

有人提出反对意见，说："咱们满族人的根本在东北，北京不是长留之地，应该趁机在北京大捞一笔，然后留一个王爷镇守，咱们要么退回沈阳，要么据守山海关，可以万无一失。"

这是一种很短视也很懦弱的想法，事实上，万无一失往往就意味着止步不前。

这世界上有一种人是不会有大出息的，就是那些树叶掉下来都怕砸脑袋的胆小鬼。诚然，谨慎没有什么不好，但太过谨慎，做什么事都如履薄冰、战战兢兢，不具备丝毫挑战的勇气，就会失去改变命运的机遇。

好在，多尔衮是个有雄才大略的人。他说："北京城王气浓郁，自古便是龙腾之地，现在蒙苍天庇佑，我大清雄踞于此，怎么能错失良机，将其拱手让人呢？皇上当迁都北京，以定天下！"

多尔衮此言一出，多铎等人积极响应，迁都北京的事情就这么敲定了。

当年 10 月，清廷定都北京，年仅 6 岁的福临懵懵懂懂地就成了华夏的新主人。

一切听叔父……呃，皇父摄政王的

从皇太极去世到大清入主中原，在一年的时间里，多尔衮就为清朝立下了两件大功：

一是拥戴福临继位，稳定了岌岌可危的政局，巩固了新的统治秩序；

二是山海关运筹帷幄，招降了吴三桂，摧毁了李自成，定都北京。

大清，由此翻开了新的历史篇章。

如果有人说，多尔衮才是大清帝国实际上的建立者，这句话应该并不为过。

这些功绩，在清朝入主中原之后的新开国大典上也得到了大力表彰，福临不仅给多尔衮树碑立传，还加封他为叔父摄政王，肯定了多尔衮立于诸王之上的特殊地位。

然后，多尔衮就有些飘了……

当时，大清朝堂有一个不成文的潜规则——官员如果在奏书中对多尔衮的称呼不是"皇叔父摄政王"全称，那就准备卷铺盖走人吧！

济尔哈朗也曾好心提醒大家："凡事先白王，书名亦先之。"意思是：你们不管干啥，一定要以多尔衮为尊。

公元 1648 年，多尔衮又逼福临将自己晋升为皇父摄政王，从此一人之上，更是万万人之上。

至于这个皇父摄政王，历史上有很多说法，比较流行的是"孝庄太后下嫁"。不管真假，反正多尔衮的意图很明确——就是要让你福临叫我爸爸！

这也太欺负人了！但福临对此毫无办法。

至此，多尔衮所使用的仪仗、音乐及护卫队，都僭越了一个"王"该有的规格，正式与"皇"相提并论。

除此之外，多尔衮还要求诸王贝勒、文武大臣到自己的王府中候命，大家就在这里开会，决议朝政，俨然自己组织了一个小朝廷，一切政务都不再向福临请示，连下属的样子都懒得做了，完全不把福临放在眼里。

可以说，福临从 6 岁继位，到 13 岁，这 7 年间，他名义上是皇帝，实际上更像个傀儡。

福临后来曾恶狠狠又很悲伤地诉怨："凡天下国家大事，朕一概不知，因为根本没有人向我汇报！"

然而，福临再小，他毕竟是一国之君，小皇帝也有小皇帝的想法和尊严。

我们稍微换位思考一下就能体会到，当一个年幼丧父的小董事长被大股东完全架空，对方在他的家族企业里拉帮结派、耀武扬威、独断专行，还对他妈妈不怀好意，他心里会是怎样的一种体验？

他一定会这么想——好啊，你看我小就霸凌我，都快把我整成背景板了！完全不顾及我的想法和感受，你是想把我的财产、我的家、我的妈都占为己有吗？你等我长大的！

梁子，大概老早就结下了！

但是，有想法归有想法，当时的福临还真没有能力也不敢对多尔衮尥蹶子，就连多尔衮害了他的哥哥，福临也只能说："叔父……呃，皇父摄政王做得对！"

咱们把时间往前拉一点。

公元 1646 年，顺治三年，初，豪格被任命为靖远大将军，统军入川，讨伐张献忠。

至 11 月 26 日，清军抵达距西充不到百里的南部县。驻守阆中的大西军将领刘进忠降清。在降将的带领下，豪格率部星夜兼程，直奔张献忠老巢——西充凤凰山。

翌日清晨，大雾弥漫，咫尺之隔，只闻其声，不见其人。当清军悄然逼近营门时，张献忠才知大事不好，未及披甲，仅腰插三矢便仓促上阵。在刘进忠的指点下，豪格一箭射去，半披飞龙蟒袍的大西皇帝张献忠应声而倒，一命呜呼。

豪格继续挥军南下，翌年 8 月平定全川，旋即兵进遵义，风驰电掣般地扫荡着西南边陲。这一次，豪格为大清立下了不世之功。

公元 1648 年，顺治五年，1 月 27 日，豪格凯旋班师回京。然而，等待他的不是皇恩浩荡，而是一个策划已久的阴谋。

这年 3 月，当年两蓝旗、两黄旗支持豪格继位的事情又被有心人旧事重提，随之态势愈演愈烈，济尔哈朗和两黄旗大臣均被过堂严审，规模之大，堪称空前。

谁都知道，济尔哈朗以及两黄旗大臣欲立豪格为君，是在诸王册立新君之前。在仍然保留军事民主制残余的开国时期，推举继承人本来就是天经地义的事情。

在当时，不仅两蓝旗、两黄旗大臣积极参与此事，就是多尔衮、多铎辖下的两白旗大臣也多次密谋，商议拥立多尔衮为帝。即使到了顺治二年（公元 1645 年）底，多尔衮还洋洋自得地跟诸王、贝勒以及满汉大臣谈起当年被拥戴的情况。

显而易见，这次旧事重提，只不过是多尔衮为了收拾豪格借题发挥而已。

审讯结果不言自明。济尔哈朗被革掉亲王爵位，罚了一大笔银子；两黄旗大臣凡参与拥立豪格者均受到严厉制裁，或被革职，或被夺爵，或被发配沈阳看守皇太极陵寝，就连已经死了的图赖、图尔格也被革了世职。

然后多尔衮召集大臣，夸张列举自己弟弟多铎的功劳，多铎就变成了新的辅政叔王。

随后，豪格被推上了祭坛。

在多尔衮的一手策划下，诸王、贝勒、贝子、大臣召开审判会议，以豪格"隐瞒其部将冒功、起用罪人之弟"的罪名，将豪格判处死刑。

福临不忍长兄惨死，为其说情，议政大臣会议在得到多尔衮首肯以后，才敢将死刑改为幽禁。

被幽禁的豪格心情极度抑郁，忧虑、痛苦、愤怒一齐袭来，一腔热血都在往上涌，头像被撕裂一般。谁也不清楚这个人究竟在哪一天、哪一个时辰愤然辞世，人们只知道他在被幽禁后一个月左右即亡，虚岁40。

这还没完，多尔衮不仅害死了豪格，还强行霸占了他的老婆。对于多尔衮这种杀害自己亲人、罔顾人伦的罪恶行径，福临只敢偷偷怒，完全不敢言。

但是，这份仇恨，他已经在心中的那个小本本上记了下来，只等将来找到一个合适的时机，一起清算！

机会说来就来了。

公元1650年12月，福临继位的第7年，多尔衮在狩猎途中遇险，不久后，一代枭雄魂魄归天。

多尔衮的意外死亡，对大清来说是肉眼可见的损伤，搞得福临热泪盈眶——翻滚吧！皇父摄政王！我跟你们讲：

你们知道我这七年是怎么过的吗？

七年！

我白天看他脸色，晚上噩梦里都是他的狰狞，我童年的阴影，笼罩的是我的一生！

清算，这就开始吧！

公元1651年，顺治八年，福临亲政。年纪轻轻的小皇帝宛如戏精上身。

首先，他以帝王规格为多尔衮举办葬礼，追尊多尔衮为"懋德修道广业定功安民立政诚敬义皇帝"。

因为多尔衮没能生出儿子，所以福临就将多铎的儿子多尔博过继给多尔衮，世袭罔替多尔衮的王位。

多尔衮身边的亲信，甭管能力够不够，都被破格升职为议政大臣。

这些操作，怎么看都饱含着浓浓的叔侄深情。

然后……

多尔衮曾经的心腹苏克萨哈，对多尔衮反手就是一个举报，说他目无皇上，以下犯上，私藏龙袍，图谋不轨……等等等等，说了一大堆，都是大罪。后来，他就成了福临的托孤大臣，这位老兄当时可能还不知道天道好轮回。

那么，多尔衮真的准备谋反吗？别太天真了。

不管那些事情多尔衮有没有做，反正皇帝觉得他做了，诸位爱卿你们看着办吧！

于是，朝堂之上掀起了一股批多斗衮的狂风大浪。

紧接着，多尔衮被清理出了皇族队伍，并没收全部家产。他的子女被贬为奴，据说福临还亲手掘了他的陵墓。

而当初跟随多尔衮的那帮人，也被福临斩的斩，流放的流放，子子孙孙永不录用。

这个时候，如果有谁敢为多尔衮讲一句"公道话"，不用想，一定会受到超乎想象的惩罚。

可怜多尔衮一个雄才大略的枭雄，死后被抹黑到连乌鸦都甘拜下风。

福临给多尔衮定的是谋逆大罪，可是，多尔衮一直到死也没有称帝的迹象吧？

其实说到底，多尔衮真心没想反，但他也是真心装大了。

直到一百多年后，乾隆即位，多尔衮才得以平冤昭雪，乾隆恢复了他睿亲王的封号，并称其"定国开基，成一统之业，厥功最著"。

报复完多尔衮，福临开始为豪格平反冤案，亲王爵位代代相传，到1906 年，这座功勋卓著的肃亲王府竟出了一个震惊全国的女汉奸。

她，就是川岛芳子，豪格的第十一代子孙。

多尔衮与孝庄，到底有没有真爱

清史上一直有个未解之谜：多尔衮独揽朝纲以后，到底有没有迫使孝庄下嫁？

按照清廷入关以前的习俗，皇太极死了，新的接班人可以娶他的妻子，花他的银子，使唤他的儿子。

多尔衮原本是想当皇帝的，只不过受形势所迫，只能退而求其次，当个"摄政王"，想必，心里多多少少会有些不甘愿吧。

于是有人认为，多尔衮没能坐上皇太极的位子，花他的银子，那么作为心理补偿，娶他的妻子、使唤他的儿子，似乎也是顺理成章的事情。

毕竟，"罔顾人伦，强抢侄妻"这种破事，多尔衮也不是没干过。

于是关于多尔衮和孝庄的各种精彩桥段纷沓而至，大家都说：

皇太极死后，新寡的大玉儿正值盛年，风华正茂，楚楚动人，她也渴望得到关怀与疼爱。

多尔衮早就对这位美艳夺人、肌肤如玉的皇嫂一往情深。他经常出入内宫，两人在为皇太极守灵时就眼波流转，眉目传情……

多尔衮想赶快结束这种偷情的日子，让盛年寡居的嫂子成为自己明媒正娶的妻子。但这要先堵住悠悠之口。

于是多尔衮密召心腹范文程，暗授计谋。

第二天，百官上朝时，范文程出班奏道："摄政王德高望重，廉抑自持，自入关以后，威权在握，却不以帝位自居，尽心辅佐皇帝。摄政王视皇上为己子，皇上自当视摄政王为父。摄政王亲侣新丧，皇太后盛年寡居，既然皇上视摄政王为皇父，当然不应使父母异居，因此伏请摄政王和太后同宫。"

这一番骇人听闻的论调，虽然震碎了大家的三观，但迫于多尔衮的威势，没有人敢表示反对，结果当然是一致通过了。

于是，孝庄太后下嫁多尔衮。

公元 1650 年，多尔衮因打猎跌伤致死，福临下诏宣布其罪状时曾说："自称皇父摄政王，又亲到皇宫内院"——这是福临自己亲口承认的。

多年以后，孝庄弥留之际，她嘱咐康熙说："你爷爷已经安葬许久，不可为我轻动，况且我心中也舍不得你们父子，就将我葬在你父亲的孝陵附近吧。"

——她因为嫁过多尔衮，便不想，或者说无法再与皇太极合葬了……

及至近数十年，在《一代皇后大玉儿》《孝庄秘史》《山河恋·美人无泪》等影视作品播出后，经电视文学的大力渲染，"太后下嫁"似乎已经成了一桩信之有据的铁案。

但是，正史中从没有过关于"太后下嫁"的正式记载，任何一种说法都缺乏有力的证据支撑，至于历史的本来面目，只能待后人进一步研究和发现了。

不过，不管多尔衮娶没娶，孝庄嫁没嫁，多尔衮都有"皇父摄政王"这个扎眼的称号，也有"亲到皇宫内院"这样疑似抹绿皇太极的行为。要说他对孝庄一点想法也没有，似乎也说不过去。

然而，我们不必因此觉得多尔衮对孝庄早已情根深种，一直痴心未泯，为了她宁愿放弃皇位，心甘情愿做个备胎。事实上，多尔衮虽然身体不怎么好，但在男女问题上，他是从来不肯亏待自己的。

据史料记载，多尔衮有名有份的妻妾就有 10 人，至于没有被写进去，或者别人不知道的，那就难说了。

这够得上齐人之福了吧？但多尔衮说不够！

于是，他"于八旗选美女入伊府，并于新服喀尔喀部索取有夫之妇"。给自己海选美女也就算了，连有夫之妇都不放过。

多尔衮还向朝鲜强行索要公主。但朝鲜国王当时只有一个刚会走路的女儿，被逼无奈，只能找了一个宗室女，封"义顺公主"，以朝鲜国王义女的身份献给多尔衮。多尔衮觉得对方不是正统公主，自己吃了亏，于是又强要了两个民间美女当作赠品。

多尔衮没入关之前经常带兵打仗，那些被他打出恐惧症的国家，迫于他的淫威，只能把美女当作礼物送给他。

因而后来有人猜测，多尔衮年纪轻轻，坠个马就发展成了不治之症，可能与他纵欲过度有关，这种推理也不是没有一点道理。

在这里也有必要给大家提个醒：身体才是一切理想的前提！

大家该工作的时候要努力工作，该休息的时候就好好休息，凡事都要有个节制，别为小事斤斤计较，不要没事自找烦恼，生活才会健康而快乐。

随便塞给我一个皇后啊，废了她

福临幼年丧父，孝庄盛年寡居，一手把孩子拉扯大，把他捧上皇位，又辅佐他治理国家。按理说，这母子二人的感情应该非常深厚。

但是，正如我们所了解的那样，福临和他妈妈的关系并不好，甚至可以用关系恶劣来形容。

这，又是为什么呢？

起初，是多尔衮给闹的。多尔衮和孝庄之间不管怎样，的确是传出了绯闻，这让情感脆弱的福临感到不可接受，但他又拿自己的妈妈完全没有办法。最后，他只能把满腔怨恨都发泄到了多尔衮的身上。

这是一个引子，福临因此而不再喜欢自己的母亲，并衍生出强烈的逆反心理，凡是母亲喜欢的他都不喜欢，凡是母亲决定的他都想反对。

也就是在多尔衮死的这一年，福临这位未成年少年被迫早婚，在孝庄妈妈的强势安排下，娶妻成家。

娶的是他的表妹，孝庄太后的亲侄女，博尔济吉特·孟古青。而且这姑娘还是多尔衮生前指婚的。

因为母亲以及多尔衮的关系，福临对这个漂亮表妹全无好感，更不要说什么身心过电了。

和一个自己厌恶的人朝夕相处，这是肉眼可见的痛苦，但此时的福临没有能力挣脱妈妈的束缚。

他唯一可以做主的，就是自己的身体。

于是，他先后和庶妃巴氏生下皇长子爱新觉罗·牛钮，和宁悫妃生下二皇子爱新觉罗·福全。佟佳氏也挺着个大肚子，里面是爱新觉罗·玄烨。

只有孟古青的肚子迟迟没有动静。

没有爱情，福临就寄情于工作，他带着"一夫不获，罪在朕躬"的时代使命感，兢兢业业打理着父亲留给他的江山。

顺治十年（公元 1653 年），福临乾纲独断，给予汉臣奏事权。而在此之前，朝堂之上，汉臣们只能瞪眼看，靠边站，凡事都是满臣说了算。

福临虽小，但他知道，如果和汉人关系不搞好，江山分分钟都可能会毁掉。譬如自己作死的元朝。

这时的福临，一心要做个圣主明君，他心系天下，怀柔治国，大清在华夏这块土地上已经粗具规模。

翅膀硬了，福临终于开始放飞自我。

此时的福临，已经不再是那个活在皇父摄政王阴影下的提线木偶，他再也不需要看任何人的脸色了！

也是在顺治十年（公元 1653 年）这年的 8 月，福临突然表示，要废掉皇后博尔济吉特氏。理由是，这女子太奢侈！

史书上说，孟古青聪明而且漂亮，但是烧钱还少心眼，和福临性格完全合不来。

但这一点，说实话，值得怀疑，毕竟不管是多尔衮还是孝庄太后，都不大可能找这样一个人来为大清母仪天下。

不管真假，可福临居然嫌自己的老婆太败家！这对于王的女人来说，还是个事吗？这摆明了是故意找碴。

所以福临这个美好的想法，当即遭到了文武百官的集体打压。

大家说，皇上咱能成熟一点吗？因为这么一点破事，你就要废了她？你就不怕天下人笑话？况且皇后的位置关系重大，皇上还请三思啊！

大家这么一说，福临也觉得自己的理由太过牵强了。

于是一计不成，又来一计，再接再厉！

福临说："既然皇后的位置关系重大，那就应该能者居之啊，她太无能了！所以我还是要废了她！"

福临自以为这一次无懈可击，谁知立马就被迎头痛击。大家纷纷表示：

"家有蠢妻，幸福无比！要是老婆剽悍，好比吕雉、武则天，还不把你家江山给搅翻？女子无才便是德，皇上你怎么不知道珍惜呢？"

要说古代文人，果然嘴能犁地！

这时的福临还处在青春期，非常叛逆，你们越是不同意，我就越要坚定不移地执行自己的小主意。

其实，福临和孟古青，两个人从被多尔衮和孝庄定下政治婚约的那一刻起，就注定了他们这一生同床异梦，永远无法修成正果。

根据福临的种种行为来看，这家伙非常任性偏执，做人做事都极其随心所欲，且不容别人反对。而孟古青作为蒙古公主，想必也是骄横得可以吧。两个性子刚烈的人凑在一起，火星撞地球也是难免的。福临不止一次想过废后，却因母亲阻拦始终不能如愿。

但这一次，福临小脾气彻底爆发了，谁说也不好使，不顾妈妈和群臣反对，将孟古青降为静妃。

被降职的孟古青，逐渐消逝在历史的长河中，没有人知道她何时去世，也没有人知道她后来发生了什么样的故事。

又随便塞我一个皇后，废……不成了

顺治十年（公元 1653 年）10 月，孟古青刚刚下台不久，孝庄太后与诸王、群臣商议决定，在满洲、蒙古扩大范围认真筛选，这次务必选出一个让皇帝满意的皇后，省得皇帝总说给他选老婆却不是他的选择、没有经过他同意，没事就为此闹情绪。

在这种情况下，阿拉坦琪琪格出场了。

阿拉坦琪琪格和妹妹一起进宫，一同被封为福临的侧妃，一个月后，她脱颖而出，晋级为皇后！

这晋升速度，明眼人一看就知道是关系户啊。

这一年，阿拉坦琪琪格14岁，福临17岁——17岁……这家伙都二婚了！

事实上，阿拉坦琪琪格也出自博尔济吉特氏，是孝庄太后的侄孙女，孟古青的堂侄女，按辈分来讲，她得叫福临一声"表姑父"。

没什么大惊小怪的，这完全符合清朝的联姻定律，一个博尔济吉特氏倒下了，往往会有无数个博尔济吉特氏补上来。这才能保证彼此的亲密关系和双边利益。

阿拉坦琪琪格是一个什么样的女孩呢？用福临的话说就是"秉心淳朴，顾又乏长才"，就是说，样样都不出奇，唯一的优点就是敦厚老实。

嗯，憨姑娘一个。

不过，这也没什么，蒙古王公们本也不稀罕自家闺女去宫斗、去争宠，傻点就傻点呗，只要像孝庄那样能生出个当皇帝的儿子就行了。

就这样，14岁的阿拉坦琪琪格成了大清入京后的第二任国母，同时还是两个皇子、两个皇女的大妈，这身份，对这位豆蔻少女来说也是够尴尬的。

然而，尴尬还没有结束……阿拉坦琪琪格荣升为皇后半年后，后宫庶妃乌苏氏、巴氏，又相继生下皇四女，皇五女……再强调一下，这一年，福临17岁。

好吧，你们可劲生去吧！本姑娘我心宽着呢！反正不管你福临喜欢谁，皇后的位置不还是我的吗？

可是，这份安稳也随着董鄂妃的到来被打破了！

阿拉坦琪琪格上位两年后，福临就将"只是因为在人群中多看了你一眼"的董鄂氏想方设法弄进了宫，封为贤妃。

仅仅过了一个月，福临又以"论敏慧端良，没有比董鄂氏更好的"为由，将董鄂氏升为"皇贵妃"，大清的第一位皇贵妃就这样诞生了。

这晋升速度，跟坐火箭似的，一看就是真爱啊！

有道是："由来只有新人笑，有谁听到旧人哭"，董鄂妃驾到，后宫佳丽集体失了宠，阿拉坦琪琪格也不例外，虽然她原本就不得宠，但现在情况更糟糕了。

原本，福临心情好的时候，还会夸这个憨姑娘一句"天然呆，真可爱"，现在……木头疙瘩，呆头呆脑，没眼力见，不解风情……反正是越看她越不顺眼。

于是，福临找了个理由，说孝庄生病期间，阿拉坦琪琪格有失孝道，非要废了她。

当然，他的真实目的是想让阿拉坦琪琪格给董鄂妃腾位置，让自己的真爱做皇后。

但是福临，你想得美！

孝庄妈妈能够允许博尔济吉特氏再出一位废后吗？

满蒙两家的贵族们能够坐视皇帝任性胡来影响满蒙联姻的国家大计吗？

虽然你是皇帝，但你真的以为自己想干啥就能干啥吗？你咋不上天呢？！

结果，由于孝庄妈妈的强硬干涉，这个皇后，没废成，福临折腾了半天，只夺了阿拉坦琪琪格的后宫管理权。这对福临来说，真是一件令人懊恼的事情。

不过，对于阿拉坦琪琪格来说，这倒没什么。虽然大家是夫妻，你却总想往死里弄我，你很不地道，但我有真正的大 BOSS 当后台，你再不忿拿我也没辙。

作为一个对汉文化中痴男怨女争风吃醋这一套完全没有兴趣的蒙古贵女，阿拉坦琪琪格活得非常恣意洒脱，只要有我吃，有我喝，皇后的位置是我的，家族安排的任务不出错，老公，你随意好了。

所以阿拉坦琪琪格就这么随意地活着，活过了董鄂妃离世，活过了福临驾崩，一直活到了 77 岁，成了清朝在位时间最长的皇太后。

董鄂妃——压垮福临的最后一根稻草

公元 1656 年，顺治十三年，颇具传奇色彩的董鄂妃入福临后宫，从此在清朝爱情史上留下了极为感性的一笔。

关于董鄂妃的来历，历史上还有一段逸闻。

据当年与福临关系很铁的西洋宗教人士汤若望回忆说：

那是人间二月天，福临去给母后请安，意外发现，太后身边侍立着一位美貌天仙，那眼神，那脸蛋，那身材……无一不强烈撞击着福临的骚男之心。

她是谁？她从哪里来？要到哪里去？

福临不露声色地巧妙搭讪，随即得知，原来此女子是董鄂氏，满洲正白旗人，大臣鄂硕之女。

令福临抓狂的是，这样高端上档次的女子竟然是别人的妻子——给朕选妃的工作人员，你们眼角膜要是留着没用，可以捐出去了！

更令福临崩溃的是，董鄂氏的老公不是别人，正是他的十一弟和硕襄亲王博穆博果尔——这样一来，福临就是有心强抢人妻，他也不能不顾及礼义廉耻。

然而，福临就是贼心不死。

被董鄂氏冲击得神魂颠倒的福临越发怨天尤人起来——为什么世间的好女子都是别人家媳妇啊？！

谁也不知道这段时间皇宫内苑究竟发生了什么，谁也不知道这段时间董鄂氏到底经历了什么，总之，福临终究还是将这位弟媳撩出了爱情的火花。

襄亲王终于发现了妻子出轨的蛛丝马迹，他也许并不知道令自己蒙羞的是皇帝，他大骂自己的妻子是贱婢，也许还骂过他们是一对不知廉耻的狗男女。结果，他哥哥一巴掌甩了过去。

这当场打脸的一巴掌，犹如当头棒喝醍醐灌顶，博穆博果尔瞬间什么都明白了，他羞愤不已，怒不可遏，可他完全拿这两个人没有办法，最后，他选择了——自杀。

博穆博果尔死后，作为哥哥的福临堂而皇之地将弟媳纳入宫中，并很快封为贵妃。

好吧，这段逸闻虽然很精彩，但它并不见于正史记载，我们就当它只是个传说好了。

不管董鄂妃究竟从哪里来，总之，她成了福临的最爱。

美人在侧、得偿所愿的福临，可以说心花怒发。

愤青皇帝福临觉得，自己终于遇到了心心相印的知心人，自己的任性恣情都能得到可人的"正确"解读，这可比对着榆木疙瘩阿拉坦琪琪格让人愉悦多了。

一时之间，董鄂妃风头无两，董鄂氏家族也是一人得道鸡犬升天，真应了那句话——"姊妹弟兄皆列土，可怜光彩生门户。遂令天下父母心，不重生男重生女。"

快看，我们原本风流多情的福临，突然变成了梁山伯君——那是不可能的。

公元 1657 年，庶妃那拉氏为福临生下皇六女；

同年，庶妃陈氏为福临生下皇五子；

公元 1659 年，庶妃唐氏为福临生下皇六子；

公元 1660 年，庶妃钮氏为福临生下皇七子；

董鄂妃死后，庶妃穆克图氏为福临生下皇八子。

所以"弱水三千，只饮一瓢"这件事，对福临来说是不可能的，这辈子都不可能的。

不过董鄂妃也很争气，入宫一年后就给福临生了个小淘气，如果不出意外，这个小淘气将来会成为大清皇帝。

因为福临曾当众表示：这是朕的第一子！

事实上，这孩子只是皇家老四……年幼的玄烨哭晕在厕所。

然而，天不遂人愿，老四出生三个月就身患重病，不治而亡，连名字都还没来得及取呢。

悲痛的福临启动违规操作，他要封这个孩子为皇太子！孝庄太后坚决反对！

福临被迫退让一步，封这个孩子为"和硕荣亲王"，以亲王规格修建陵园将其安葬。

举行葬礼时，礼部郎中因为不小心错过了吉时，被判死刑，缓期执行，后遇大赦，才改为鞭打一百，流放宁古塔。

可爱的孩子不幸夭折，董鄂妃思子心切，抑郁成结，没多久就病倒了。

这一病就成了病入膏肓，死前，她对福临说："皇上，我的葬礼一切从简……"

还没说完，她就去了。

悲痛欲绝的福临完全没有把董鄂妃的话听进去，他再次启动违规操作，追封董鄂妃为皇后，以国母规格入葬，辍朝四个月。

好吧，真正的皇后阿拉坦琪琪格还好好的活着呢，这就叫活生生地打人脸吧？

好在阿拉坦琪琪格心大，粗线条的神经、天然呆的特质，使她根本不在乎打脸不打脸——老公你随便作妖，你高兴就好。

不过福临这边一作妖，礼部官员又倒霉了。

拟定谥号的时候，官员们先拟出四字谥号，福临一票否决。然后六字、八字，直到十字——"孝献庄和至德宣仁温惠端敬皇后"，福临才勉勉强强审核通过，但还抱怨没有使用"天""圣"二字。

朕的挚爱，就算去了地府，也要让她尊贵无比，也绝不能让她苦到累到，于是福临决定，将董鄂妃生前的30名婢女全部生殉！幸亏善良的人们百般阻挠，他才没有得逞。

谁也不曾想到，董鄂妃的死，竟然会把福临折磨得不成样子。

他开始"寻死觅活，不顾一切。"人们不得不昼夜看守着他，使他不得自杀。

此时的福临，俨然忘记了自己乃是一国之君，而只是个失去挚爱、痛不欲生的男人。

可以想象，对于6岁登基，朝政心烦意乱、家庭无比苦闷的福临来说，他失去的不仅仅是一个爱人，一个红颜知己，更是情感世界里的最大支柱。

董鄂妃的死，带走了福临生命中全部的光。他开始懈怠政事，他寄情于诗画、天文，甚至是西洋宗教，然而，没有一样能够让他静下心来坐在皇位上。

他回想今生种种，他恨啊！

他痛恨多尔衮把自己当作萌宠，他痛恨暗中激烈永不停息的党争，他痛恨母亲以"为你好"为名强行安排自己的人生，他痛恨残天无情爱不永恒！

他的世界，彻底崩塌了……

是死还是僧，顺治身后迷雾重重

生命中巨大的痛楚使原本恣睢无忌的福临日渐消沉，他开始厌倦这纷扰复杂的万丈红尘，他决定：遁入空门。

他也许在心中暗说：此生愿为你吃斋念佛，愿你在天堂幸福快乐……

公元1660年，顺治十七年，10月，董鄂妃去世不久，福临在北京西苑万善殿让行森禅师为他举行净发仪式，他要了断这三千烦恼丝！

满朝文武大惊失色，皇上这次玩得太大了！

孝庄太后虽然也恼怒福临的恣意妄为，但她更知道，国不可一日无君！

于是，在孝庄太后的授意之下，皇家佛学导师玉林琇点燃了火把，把为皇帝剃度的行森推向了祭坛。

这把火烧不烧得起来，全在福临一念之间。

要么一意孤行，坚持出家，行森师兄就会因自己而死，玉林琇师父也会背上残忍杀徒的恶名，佛学修为毁于一旦。

要么到此为止，还俗回家，就当什么事情都没有发生过吧。

福临再一次败给了母亲，玉林琇点燃的那一把火终究没能烧起来，而福临此生之中又一个理想被强行中止。

他，毕竟是个皇帝，他注定不能随心所欲。

可是，他自己也不知道，如今已经看破一切，连皇位都无动于衷的自己，如果不英年早逝的话，后半生到底应该怎样度过呢？

几个月以后的公元 1661 年初，24 岁的福临留下一纸罪己诏，去了另一个世界，一个让后人云山雾罩的世界……

清宫档案，对于福临的死亡记载仅有 11 个字：丁巳，夜，子刻，上崩于养心殿。

仓促之间，孝庄妈妈果断掌权，隆重推出自己的孙子——爱新觉罗·玄烨！

历史，由此翻开了新的篇章。

爱新觉罗·福临，一个谜一样的男人，我们至今也无法确定他的真正死因。

因为死得蹊跷，坊间难免出现种种猜测：

有人说，福临死于天花；

有人说，福临在五台山出家；

还有人说，福临被郑成功的流弹毁掉了；

也有人说，福临是翻牌子翻得太勤，油尽灯枯了……

顺治之死，众说纷纭，众口不一，似乎各有各的道理，但细一推敲，又似乎都不可靠。

遗憾的是，史料缺失，记录不够翔实，福临是死是僧，因何而死，何处为僧，目前我们仍然无法获知。

福临走后，宫中剩下的实权人物有：孝庄太皇太后、阿拉坦琪琪格母后皇太后，康熙帝爱新觉罗·玄烨。

他们一个是皇太极没怎么拿正眼瞧过的侧妃，一个是福临一门心思要废掉的皇后，一个是在父亲心里没有多少地位的庶出皇子。

但他们活得都很长久，他们抱团取暖着。

公元 1663 年，玄烨生母佟佳氏去世，阿拉坦琪琪格协助孝庄一起抚育年幼的康熙，祖孙三人建立了深厚的感情。

公元 1687 年，孝庄太皇太后病重，玄烨亲自到天坛祭天，愿以自己减寿，换回祖母安康。

孝庄死后，玄烨把以往一分为二的孝心全部倾注到了嫡母阿拉坦琪琪格身上。

阿拉坦琪琪格七十大寿的时候，年近花甲的玄烨亲自下场跳蟒式舞，只为嫡母开心。

公元 1718 年，阿拉坦琪琪格走完了与世无争的一生，享年 77 岁。

玄烨悲痛欲绝，哭晕在地，醒后不住哀叹，从此这世上只有孝敬他的人，而没有爱恤他的长辈了。

不知福临泉下有知，究竟是何感想呢。

第四章

臣子闹心，儿子扎心，玄烨太难了！

玄烨一听这话，瞬间龙颜大怒，愤愤骂道："朕堂堂大清天子，见到敌人就撒丫子，传出去让不让人笑话？朕完全不要脸的吗？！再说，朕中路大军一退，西路大军就会被贼寇打围，朕能丢下自己的兄弟们不管吗？休得再劝，再劝者斩！"

玄烨话音一落，大家都觉得，皇上好 man 啊！

……

康熙能登基，是因为"他有病"

福临谜一样地离去，给后世留下了又一个谜题——他的儿子不止一个，为什么独独选中玄烨？话说回来，玄烨的妈妈佟佳氏也不受宠啊！

或许有人觉得，按照历史故事规律，玄烨作为如假包换的千古一帝，必然从小自带一股无与伦比的天子之气，选他都不需要考虑。

然而，大家又想多了，就像我们前文所讲的那样，幼年时的康熙，根本不被他爸爸放在眼里，他就只是福临的一个普通皇子而已。

那么，玄烨为什么会突然上位，这里面究竟隐藏着什么玄机？

此处需要做一个假设，假设福临当时真的死了。

按照当年人一些真假难辨的回忆，在福临奄奄一息之际，孝庄太后悲伤难抑，痛哭流涕……但，她并没有将国家大事忘记！

孝庄太后拉着福临的手，痛苦地说："孩子，你现在不能死啊，你还没有选定皇位继承人呢！"

这……还真是差点给忘了！

福临微微一叹，就准备立他和另一位董鄂妃的儿子——爱新觉罗·福全。

为了避免大家搞混，这里简单解释一下。

福全的母亲宁悫妃，与孝献皇后董鄂氏同宗，也称董鄂妃。

可能是董鄂氏家族基因非常好，这位董鄂妃人长得也很漂亮，因而经常得到福临的宠幸，为福临生下二皇子福全。

大概有那么一点爱屋及乌，福临当时对福全的宠爱，明显高于普通庶妃佟佳氏所生的三皇子玄烨。

另一方面，福全比玄烨大一点，这对他来说，也是一个竞争优势。

然而电光火石之间，孝庄太后行使了一票否决权！

那么问题来了——福全这孩子据说品学兼优，三商都够，孝庄太后为什么就坚决不同意呢？

您看看"董鄂妃"这三个字，是不是瞬间明白了什么？这叫城门失火，殃及池鱼。

福临人之将死，也不想再和妈妈杠了，他想了一想，心中有了主张："额娘，不如这样，问问通玄教师汤若望？"

汤若望来自西洋，隶属于教堂，架起了中外宗教文化交流的桥梁，在顺治年间混得很风光，时任国家天文局（钦天监）局长。

据说，当年多尔衮坠马重伤，汤若望前去探望，凭借西洋医术判断出多尔衮不久将亡，并将自己的判断透露给了福临和孝庄。

于是多尔衮一殇，汤若望立马就被两位高层捧到了天上。

事实上，他们对西洋医学一窍不通，他们只是觉得这个西洋人有料事如神之能，所以他的意见这二位也都愿意听。

汤若望不远万里来到中国，他最初的目的只是为了促进宗教文化传播，他万万没想到自己突然间就摊上大事儿了！

——往小了说，他接下来的一句话，将决定一个人的政治生涯！

——往大了说，他所言之重，关系到一个国家是否兴隆昌盛！

要说一点不紧张，那是不可能的。

汤若望斟酌半刻时间，突然灵光一闪，大胆给出了决定大清未来的答案——我觉得以诸位皇子现状来看，玄烨最适合坐江山！

他的理由很简单——因为玄烨曾经出过天花。

天花这种病毒如今已被人类消灭好多年啦，可能很多人都不了解它，不知道这家伙有多么可怕。

可能有人要说，我在清宫剧里看到过，不就是出水痘么？

No！No！No！此痘非彼痘！天花虽然也是一种痘病毒，但它拥有比普通水痘高出一百倍的凶猛程度！神医华佗碰到它都回天乏术！你若不信，可以去搜搜图！如果你不怕吐！

一句话说清，天花就像现在的"获得性免疫缺陷综合征"，谁要是不小心染上它，基本就没治了。

清廷刚入关那几个年头，被天花虐死了大量皇室贵胄，其中特别著名的人物有：和硕豫亲王多铎，和硕成亲王岳托，等等。

这些高层人物，享受着当时最好的医疗条件，死亡依然不可避免。而天花到了民间，那就是一死一大片！

但天花也不是与人类有死仇，非要不死不休。

天花君有言：只要你这次平安度险，我发誓绝不再找你麻烦（终生免疫），另外你我总算有缘，为了表示纪念，额外赠送你一副大麻脸！

玄烨在 2 岁时出过天花，他很幸运地活下来了，不过他的脸……还是不揭短了。

然而，塞翁失马，焉知非福？从另外一个角度看痛苦，人生还很有诗意呢！

正因为有过这段"面目全非"的痛苦经历，玄烨才会得到汤若望的力举。

汤若望的想法很简单：玄烨获得了终生免疫，他早亡的概率被极大降低，这不就是现成的人选吗？

而福临对于天花的恐惧程度，已经达到了神经质的地步。

他畏天花如猛虎，一度曾放下国务，躲入深宫蜗居不出；

他也曾不顾地冻天寒，跑去遵化野山，将自己一连数月隔绝人间，其内心的恐慌可以想见。

所以汤若望话一落地，福临和孝庄很难得地迅速达成意见统一，大家都决定听从汤老师的建议，立玄烨为帝，是为康熙。

若干年后，玄烨主政，为造福天下苍生，也为了报毁容之痛，他向天花发起了猛烈进攻。

康熙二十一年（公元 1682 年），玄烨下令，务必使种痘免疫法在全国推行，既现代"种痘"的雏形。

由此，种痘免疫法从康熙朝开始，先后传入英、俄、日、韩等落后国家，拯救了无数人的性命。

所以，请大家原谅玄烨在自己画像上的擅自美颜吧！毕竟以功绩来说，他是有 P 图资格的。

鳌少保，你霸凌朕的时候很爽吧

大清不知道是不是受到了什么诅咒，早亡的皇帝特别多，所以幼帝也就特别多。

玄烨的情况和他爸爸很相似，登基之时，还只是个孩子，根本处理不了国家大事，所以必须有人鼎力扶持。

如果按照清廷此前的传统，本应由两位宗室亲王共同摄政，但鉴于多尔衮留下的阴影，福临和孝庄临时决定，改由四位异性大臣共同辅政。

如此一来，在与多尔衮斗争中表现突出的索尼、苏克萨哈、遏必隆、鳌拜四人便脱颖而出，美滋滋地接受了先皇托孤。

本来，按照升职前的协议，四辅政大臣应该同心同力，共同辅佐幼帝，使大清国蓬勃发展下去。

但所谓人不为己，天诛地灭，四辅政大臣得势后大力发展自我，致使孝庄精心布局的权力制衡被打破，君权逐渐受到了威胁。

玄烨心中很窝火，但他又能怎么办呢？

这时的国家权力，几乎全部集中在索尼、苏克萨哈、遏必隆、鳌拜手里，玄烨的存在感很低，低得几乎可以忽略不计。

玄烨日后要想成就丰功伟绩，现在就必须拿回属于自己的权力，但权力这个东西，你送出去容易，要回来就艰难无比。

玄烨目前无奈又生气，就算有冲天的豪气，也只能窝在后宫数一二三四五六七，又怨怒又着急。

时间到了公元 1667 年，康熙六年，风云突变！

首先，首辅索尼撒手人寰，促成了鳌拜专权。

其次，玄烨得到了亲政的权力，当然，也只是个形式而已。

现在，大清江山，鳌拜说了算，玄烨不管做什么决定，都要问一句："鳌少保，你怎么看？"

能与鳌拜稍微对抗的，只有苏克萨哈。

鳌拜自从专权，更加肆无忌惮，经常僭越君臣之礼，搞得玄烨这个九五之尊尴尬无比。

但政治早熟的玄烨依然强行压制着他的小脾气，把自己伪装成浮浪子弟，他在等待时机。

鳌拜看到玄烨每天遛狗撵鸡，和一帮半大小子摔跤打屁，内心也很欣喜——俗话说，少壮不努力，老大没出息，这小子都不知道好好学习，将来也就是个木偶皇帝！

鳌拜渐渐放松了警惕。

玄烨则抓住时机，暗中培植自己势力，他要在鳌拜最得意之际，给予他致命一击。

很快，机会就来啦！

鳌拜因为春风得意，所以得意忘形，他渐渐觉得自己才是紫禁城真正意义上的老大，他认为天下没有人能管得了自己了，他肆无忌惮地强行干掉了另一位辅政大臣苏克萨哈。

现在，四个辅政大臣就剩俩，而遏必隆一直就是鳌拜的帮凶，朝堂之上，鳌拜一家独大！

这件事，鳌拜摆明了是做给玄烨看的，但玄烨还是选择忍气吞声，表示苏克萨哈确实该死，并将鳌拜与遏必隆一起升了职。

事实上，这是非常阴毒的手段，它的名字叫"捧杀"！

——即，通过连连吹捧，使对方觉得自己好厉害，令他在自我陶醉中逐渐完蛋。历史上很多人中了这招以后，都不知道自己是怎么死的。

玄烨小小年纪，端的是好心机！

果然，鳌拜大叔被 14 岁的熊孩子拍了一通彩虹屁，彻底放松了警惕，对玄烨完全没有了防御，还兴致勃勃地辅导玄烨和他的小伙伴们练习自由搏击。

鳌拜觉得老子已经是天下第一，但浑然不知，危险正在靠近自己……

两年时间转眼过去，玄烨和他的小伙伴们已经练出了八块腹肌，他决定打鳌拜个措手不及，成败在此一举！

那一天，玄烨约鳌拜来武英殿，名曰请他指点对战，实则要施展雷霆手段。

鳌拜按老规矩解下腰间佩剑，交给索额图保管，然后……一言不合就被这群少年给掀了个人仰马翻。

玄烨原本想将鳌拜凌迟处死，细一想人家也确实没犯什么十恶大事，直到被掀翻，也没有想过要谋反。

另外鳌拜和他伯父费英东，确实为大清崛起立下过汗马之功，非把人家往死里弄，好像有点说不通。

最后大家开会决议，关鳌拜禁闭，徒刑无期。在禁闭室里，鳌拜越想越气，满腔热血无法压抑，毙！

后来玄烨上了年纪，勾动年少时的记忆，觉得自己对鳌拜也挺不仗义，遂为鳌拜恢复名誉：

"忆及数事，朕若不言，无敢言之人，非朕亦无知此事者……我朝从征效力大臣中，莫过于鳌拜巴图鲁者……鳌拜功劳显著，应给世职。"

从此，玄烨开始了真正意义上的亲政，这一年，他 15 岁。

吴三桂，这一局是朕赌赢了

客观地讲，智擒鳌拜，虽然精彩，但也只是使玄烨初步登上历史舞台，而真正让他君临天下的，是过河拆桥，啊不，是三藩撤销。

三藩，指的是吴三桂、尚可喜、耿仲明三个明朝叛将，因功封汉人异姓王，实力很强，称霸一方。

做个简介：

吴三桂，康熙年间封平西亲王，统辖云南全境，兼辖贵州一部，顶级封疆大吏。

尚可喜，康熙年间封平南亲王，镇守广东，拒不叛清，含恨而终，赐谥曰"敬"。

耿仲明，顺治年间封靖南王，镇守广东，死于自杀。康熙年间，其孙耿精忠继承王爵，镇守福建。

三藩在各自的领地，暗中扩充实力，逐渐做大自己，其威望和声势，远非一般藩王可比。

不仅如此，他们还圈占平民土地，建造豪华府邸，广罗境内美女，搜刮珍宝玉器，每天陶醉其中，幸福感爆棚。

然而，三藩与幸福有关的日子在康熙朝持续还没多久，危机便悄然而至了。

原来，清军入关，几番大战，自消灭南明政权以后，除台湾郑氏坚决反清以外，全国各地的反清势力已经渐渐平息，国家局势总体上趋于稳定，而三藩的拥兵自重，则慢慢成了玄烨的最大心病。

撤销三藩，被玄烨偷偷提上了日程。

其实在正式撤藩之前，玄烨已经开始对三藩权势进行暗中削减，而三藩也被打草惊蛇，吴三桂联合耿精忠，假意奏请上交藩王印信，试探朝廷。

那么，玄烨会做出什么样的反应？

他完全没有和三藩虚与委蛇——像这种要求，我这辈子都没见过！我正惆怅该怎么找借口收拾他们呢，他们自己送上门来了！于是立刻决定开会，研究撤藩事宜。

这时，朝中大臣分成了两派，一派主张不撤藩，一派认为该撤藩，反对派占了上风。

玄烨力排众议。他认为，三藩手握重兵，财政自成体系，特别是吴三桂，拥兵自重，若不早除，必酿后患。所以必须撤藩！

吴三桂接到撤藩令，心寒了！愤怒了！

他自忖劳苦功高，而且手握重兵，上个折子不过是为了试探皇帝心意，料想玄烨顾及大局，必不会同意。谁承想，玄烨这小子完全不按套路出牌，连一点面子都不给，一点余地都不留。他几十年的苦心经营，即将付之东流，你叫他如何能甘心？

于是，吴三桂决定起兵造反。

公元 1673 年，康熙十二年，吴三桂自称"天下督招讨兵马大元帅"，下令吴家军蓄发易服，高举"反清复明"大旗，开启了"三藩之乱"。

吴三桂反旗一举，吴氏党羽纷纷积极响应，闽、粤两藩也蠢蠢欲动，各地告急文书跟雪片似的飞往北京城。

玄烨对局势进行细致分析以后，做出了一个非常高明的决策——忽悠他们！

他先召回闽粤撤藩使，并诚意满满地邀请耿、尚二人来京游玩，信誓旦旦地表示撤藩只是一个传言，然后对耿、尚二人进行暗中监管，切断三藩关联，寻找他们的弱点，分化军权，待三藩抱团之心一散，突然发难。

玄烨觉得自己真是好手段，他被自己与年龄不匹配的机智惊呆了！

被忽悠的两藩惊怒交集，尚之信囚禁父亲，同举反旗；耿精忠调集本部兵马，挥师江西，三藩皆反！

吴三桂彻底打疯了！他以僻远滇贵之地对抗全国，竟在数月间席卷半壁山河！

三藩鼎盛时期，一度占据了云贵川陕甘、湘桂闽浙赣，共十省土地！同时，内蒙古、青海也积极响应，不断向大清进兵。

全国形势一片不好！

三藩声势浩大，吓得很多满洲亲贵慌忙跑路，逃回东北老家。玄烨，这次尴尬了！

事实上，玄烨撤销三藩，在当时的形势下，并不能称之为一个英明决定，而他之所以能够成功，有一定的运气成分在里面。

玄烨最大的运气，大概就是吴三桂老了，岁月磨掉了他的锐气，使他不再有气吞山河的野心。

因此，当占据半壁江山以后，吴三桂没有趁势孤注一掷，而是想和玄烨划江而治。

这个时候，如果吴三桂直取荆州、襄阳，然后顺江而下阻断漕运，占据江南财赋重地，大清则彻底丧失反抗之力。

但吴三桂据江不进，一直抱守着康熙愿意与他平分天下的幻想，因而一再延误战机。

战局越拖下去，对大清就越有利，玄烨因而得以喘息，迅速整合华北、江南优势兵力，对三藩发起战略反击。

随着吴军在西北战场的溃败，三藩大势已去，败亡只是一个时间问题。

康熙十七年（1678 年），清军平定闽粤，耿精忠、尚之信先后投降，湘鄂一带吴军已成孤军。

吴三桂怕士气涣散、部队解体，匆忙在衡阳草草修建庐舍当宫殿。当年 3 月 28 日，吴三桂即位称帝，国号大周。

放弃反清复明的义旗，使吴三桂的政治处境更加不利，前线清军攻势日益猛烈。是年 8 月，吴三桂急病交加，死在衡州。

吴三桂死后，"皇太孙"吴世璠即位，这时的吴军已毫无斗志，部队犹如一盘散沙，一路溃入云贵。

为了加快平叛进程，康熙下令：胁从叛乱者，缴械投降，将宽大处理；戴罪立功者，将功折罪，论功行赏。

这项决定从政治上彻底瓦解了叛军士气，除少数顽固分子坚持与清军死磕外，大多数叛军接战即降。短短 1 年多的时间里，湖北、湖南、四川等地迅速被清军收复，全国形势转为一片大好！

公元 1681 年，康熙二十年，吴氏叛军被彻底平灭。

可叹吴三桂，历史给了他一个洗白自己的机会，却被他战略目光上的短视轻易葬送。

其实博弈就像做生意一样，一个天大的机会砸在你面前，你干不干？

不干，错失良机，从此难有大的起色。

干，弄不好就会赔个底朝天，但也有可能实现跨越式的发展，这就是冒险。

在这种情况下，大多数人可能会选择安全第一，偏安一隅，譬如吴三桂。

玄烨偏不，在大臣的一片反对声中，少年皇帝冒了平生最大一次险，结果，他赢了。

可以预见，如果他去做生意，很可能会成为一个马云级别的人物。

台湾属于中国，永远不可分割

其实三藩作乱之时，有一个人本可以乘虚而入，给予大清致命一击，但他没有这么做。不是他对大清有好生之德，而是他鼠目寸光并且没有胆量，使大清逃过一劫，最后，他和他的子孙却在劫难逃。

这个人就是郑成功的儿子郑经。

当时，吴三桂已然拿下陕西，耿精忠则占领江西、浙江大片土地，两人正准备联合作战，攻取江南。这时，郑经跳了出来。

郑家作为当时掌握东亚制海权多年的海上霸主，如果这个时候选派精锐海军，来个天津卫大登陆，大清当时四面受敌，京畿兵力空虚，恐难有招架之力。

如果清廷招架不住，皇室逃离首都，那么清政府势必威信全无，将彻底丧失对各地带兵汉官的约束，届时天下大乱群雄逐鹿，大清很可能输得一塌糊涂。

可惜，郑经毫无战略大局观，为争沿海那几府地盘，在吴三桂、耿精忠准备合围江南的关键阶段，挥兵杀向福建。

耿精忠老巢被捣，腹背受敌，最后支撑不住，索性降清。

郑经这时才向大清发起进攻，率兵攻打福建福州，结果在乌龙江被清军一顿狠揍，溃退厦门，数年后连续丢失沿海各岛，独守台湾。

"三藩"平定之后，玄烨终于腾出手来，开始全心收拾郑经。

在动手之前，玄烨曾多次派人和郑经谈判，非常真诚地表示，希望大家能化干戈为玉帛，一起坐下来把酒言欢。

和平统一，玄烨是认真的。

可郑经却说，他想和高丽、琉球学，只做大清的藩国。

一句话，彻底点燃了玄烨的怒火！

他霸气地反驳：

"台湾是中国的领土，永远不可分割！何来藩国之说！你郑经好歹也来自中国，怎么能背宗忘祖呢！郑经，你小子一点也不正经，你可对得起你爹郑成功给你起的这个名？"

玄烨见郑经顽固堡垒，冥顽不灵，断然决定：打到他服为止！

在收复台湾的过程中，有三个人物起到了决定性作用，他们一个是姚启圣，一个是施琅，一个是冯锡范。

姚启圣，康熙二年（公元 1663 年）八旗乡试第一名，被分配到广东香山当知县，不久，因自作主张擅开海禁，遭到弹劾，丢了顶戴花翎。

"三藩"举兵后，他投入康亲王爱新觉罗·杰书帐下，因为鬼点子多，屡献奇谋，深受康亲王器重，官职也从代理知县一路升到了布政使。

康熙十七年（公元 1678 年）春，郑经为给清政府施压，以争取谈判资本，遣猛将刘国轩进围海澄，接连大败清兵。

清军将领对全局缺乏统一规划，遇事惊慌失措。玄烨见他们干啥啥不行，吹牛第一名，统统将其解职查办。后经康亲王荐举，破格提升姚启圣为福建总督。

姚启圣走马上任以后，始终认真执行玄烨的怀柔招抚政策，为争取人心，特别注意对投诚人员家属的安顿工作，并豁达任用海上降将降兵。这一招抚政策，随即产生了巨大效果。

姚启圣一边怀柔招抚，一边整兵备战。

过去，福建各地镇守官员出于某种目的，常以当地流氓混混充当书记处、监狱等部门的临时工作人员，这些人平时个个精猛，一上战场就怂，逃遁、投降者十之七八。

姚启圣知道，要强化部队战斗力，必须革新除弊。

因此，他首先拿自己的直属部队总督绿营军开刀，革除不合格兵员，重新招募生力军。

玄烨得到消息，认为姚启圣是真心为国，干得漂亮，特别予以表彰，并下令将此法在全国各省推广。

在姚启圣和当地巡抚、提督、满洲将领，以及外省援军的共同努力之下，福建军事形势一片大好。

同样是在康熙十七年（公元1678年），这年的9月，姚启圣与将军赖塔等人，于漳州附近大败郑军主力，相继收复长泰、同安。此后，又连败郑军于江东桥、潮沟等地，刘国轩狼狈逃回海澄。

姚启圣见海澄深沟高垒，不好对付，便全力开展招抚工作，但郑经顽固抵抗，拒不受抚。

公元1681年，康熙二十年，4月，郑经病亡，他的儿子们为争夺王位大打出手。

冯锡范心怀鬼胎，联合众人将德馨、才能、口碑都不错的世子郑克臧绞杀，立年仅12岁的小正太郑克塽为新延平王，岛内上下人心惶惶。

姚启圣知道，做大事的时机到了，立即上书玄烨，请求大兵压境，并希望以施琅为福建水师提督，统兵出战。

施琅，初为明朝总兵郑芝龙（郑成功的父亲）手下悍将，后随郑芝龙降清，因而全家被郑成功所杀。他对台湾郑氏的仇恨很大！

玄烨继位当年，施琅被提拔为福建水师提督。或许有报仇心切的成分在里面，施琅一上任就主张暴力收复，但鉴于当时条件还不成熟，他的提议并没有通过。

后来，清廷大概是害怕施琅在福建搞事情，撤掉了他的军职，调回京师，任为内大臣，编入汉军镶黄旗。

姚启圣一上任就曾力荐施琅为福建水师提督。但因为有谣传，施琅的长子、族侄没死，还在郑经手下当官，清廷很不放心，找了个借口就把姚启圣的提议给回绝了。

姚启圣这个人比较拗，他不死心，于是亲自核实，确认施琅长子、族侄已因试图"擒郑逆献厦门"被杀，两家73口一个没留。施琅这才在姚启圣、李光地的大力保举之下，重新得到启用。

施琅吸取前些年间进军台湾失利的教训，为避免总督和水师提督之间相互掣肘，一上任就向玄烨要专征大权。

玄烨秉持"用人不疑，疑人不用"的管理原则，大方授权给施琅，让他总管攻台军务，又命姚启圣总管政务，李光地总管后勤。攻台铁三角就这样形成了。

公元1683年，康熙二十二年，台湾郑氏再次向清政府发出请求，希望仿照高丽、琉球，只称臣进贡，不剃发登岸，又被玄烨一通臭骂，严词拒绝。双方爆发澎湖海战，施琅水军锐不可当，刘国轩溃败东宁。

战败后，延平王府召开高层会议，商讨如何应对大清的咄咄威逼，一部分人主战，一部分人主和。

千钧一发之际，冯锡范玩了一出翻手为云，覆手为雨。他起初还大义凛然地表示，生是郑家的人，死是郑家的鬼，杀身成仁，舍生取义，兄弟们跟清廷拼了，用我们的鲜血永保明郑国祚！

然而，转个头的工夫，他就与主降派刘国轩凑到了一起，选择降清，郑克塽年幼无权，只能随波逐流，也跟他们一起降了。

康熙二十二年（公元1683年）8月11日，施琅率众前往台湾受降。郑克塽乘小船出鹿耳门迎接，施琅当众宣读玄烨赦诏。郑克塽等人遥向北京叩头谢恩。

施琅也是个懂大义，有原则的男人，他入台之后，不负玄烨期望，未对郑氏进行血腥报复，却前往郑成功的庙宇焚香告祭。在台湾政权变换、人心浮动之际，这一举动，对于安定郑氏官兵的情绪、稳定社会秩序，无疑产生了重要的社会功效。

捷报传到北京，玄烨兴奋极了，他将当天所穿的衣物赐予施琅，并附赠五律一首：

岛屿全军入，沧溟一战收。

降帆来蜃市，露布彻龙楼。

上将能宣力，奇功本伐谋。

伏波名共美，南纪尽安流。

伏波，指的是东汉名将马援，曾受封伏波将军。康熙表示，施琅智勇双全，建不世之功，可与马援齐名，流芳百世，特封施琅为靖海侯，世袭爵位。

妄图搞分裂的人，是没有好下场的！

解决了台湾问题，玄烨仍不能稍做休息，因为他还要处理与沙俄的领土争议。

玄烨表示，领土争议没有妥协余地，只能霸气到底！

公元 1686 年，康熙二十五年，7 月，鉴于入侵者妄自托大，多次警告不听，玄烨派部队围剿雅克萨城。

第二次雅克萨之战爆发！

黑龙江将军萨布素率 2000 精兵，分水陆两队向入侵者发起猛攻。与此同时，玄烨再次向沙俄政府郑重提出和平谈判。

清军到达雅克萨后，在城外筑建工事，重兵围城，沙俄军队全力突围，被清军一次又一次击溃。清军围攻雅克萨长达两月之久，入侵者内缺粮草，外无援兵，死伤惨重，就连指挥官托尔布津也被清军一击毙命，最后只剩百余残兵犹做困兽之斗。

现在，大清掌握了谈判的主动权，但作为胜利方，玄烨仍授意大清谈判代表做出适当让步，不是玄烨忌惮沙俄，而是他要安抚住"北极熊"，以便集中全力收拾准噶尔部的武装叛乱。

公元 1689 年，康熙二十八年，9 月 7 日，清俄双方就和平解决边界问题达成协议，这就是著名的《尼布楚条约》

现在，该好好收拾那帮妄图搞国家分裂的人了！

清朝时期，蒙古分为漠南蒙古、漠北蒙古和漠西蒙古三个部分，它们先后对清朝表示臣服。

准噶尔是漠西蒙古的一个分支，本在伊犁一带过游牧生活，悠然自在，是大清朝的良民。然而自从噶尔丹统治准噶尔部以后，一切都不一样了。

噶尔丹是个有野心的家伙，他上位以后，先是杀伐征战，兼并了漠西蒙古的其他部族，随即向东侵犯漠北蒙古。漠北蒙古抵抗不过，几十万人逃到漠南，向清朝政府请求政治庇护。

玄烨派自己的使者去见噶尔丹，严令他把侵占的地盘还给漠北蒙古。噶尔丹仗着有沙俄撑腰，态度十分骄横，不但不给玄烨面子，还以追击漠北蒙古为名，大举进犯漠南。

给脸不要脸，这是要反天！玄烨决定，必须给他点颜色看看！

公元 1690 年，康熙二十九年，大清分兵两路，向准噶尔部进发：

左路由抚远大将军、和硕裕亲王爱新觉罗·福全率领，出古北口；

右路由安北大将军、和硕恭亲王爱新觉罗·常宁率领，出喜峰口；

玄烨则亲自带兵压后，坐镇指挥。

然而，两兵相接的第一场遭遇战，玄烨就尴尬了。

当时，常宁的右路军先与噶尔丹军遭遇，随即被对方打了一个漂亮的反击。噶尔丹长驱直入，一直打到离北京只有 700 里的乌兰布统。噶尔丹还向玄烨示威，那表情，嘚瑟极了！

玄烨被撩得心头火起，督促福全全力反击。

噶尔丹将几万骑兵部署在大红山下，后有树林掩护，前有河流阻挡。他又将上万头骆驼缚住四脚横放在地，驼背加上箱子，用湿毡裹住，摆成一个长长的驼城。他的军队躲在驼城中间放冷箭暗枪，清军一时逼近不得。

福全虎躯一震，怒发冲冠，下令对驼城进行炮火覆盖，一霎时火炮齐响，炮弹如雨，血肉横飞，也不知是人肉，还是驼肉。驼城被生生撕开了一个口子。

清军的步兵、骑兵趁机一起杀出，福全又派兵绕到山后夹击，把准噶尔军杀得尸横遍野，侥幸活着的，纷纷弃营奔逃。

噶尔丹一看形势不利，派人到清营求和。福全是个实在人，当即停止进攻，向玄烨请示如何处置。

玄烨急得直拍脑门子，说哥哥你傻啊，这是缓兵之计，快追，别让这厮跑了！

福全连忙领兵去追，噶尔丹果然已经带着残兵逃之夭夭。

噶尔丹逃回漠北，表面上向清朝政府表示屈服，暗地里招兵买马，准备东山再起。

康熙三十三年（公元 1694 年），玄烨约谈噶尔丹，想订立个和平相处的盟约。噶尔丹不但不来，还暗中派人到漠南煽动叛乱。他扬言："准噶尔已经向沙俄大哥借到鸟枪兵 6 万，玄烨你颤抖了吗？"

玄烨震怒，公元 1696 年，调集兵马开始第二次亲征。

此次征讨，清军兵分三路：黑龙江将军萨布素从东路进兵；大将军费扬古率陕甘大军从西路出兵，截击噶尔丹的后路；康熙亲自带中路军从独石口出发。三路大军约定好，限时对准噶尔形成合围，一起夹攻。

玄烨的中路军行进到科图，与敌军前锋遭遇，这时东西两路军还没有到场，又有传言，沙俄将遣兵为噶尔丹助战。有人慌了，说老臣掐指一算，此时不宜恋战，皇上咱们回京吧，风景那边独好。

玄烨一听这话，瞬间龙颜大怒，愤愤骂道："朕堂堂大清天子，见到敌人就撒丫子，传出去让不让人笑话？朕还要脸的吗？！再说，朕中路大军一退，西路大军就会被贼寇打围，朕能丢下自己的兄弟们不管吗？"

玄烨话音一落，大家都觉得，皇上好 man 啊！

当下，玄烨话不多说，继续挥兵挺进，并派使者宣战：朕又亲自来战，你小子这次一定完蛋！

噶尔丹闻言突觉心中忐忑，跑上山顶一望，见清军黄旗飘扬，万众待发，吓得连夜拔营奔逃。

玄烨掩兵追杀，又令费扬古率西路军在半路上截击。噶尔丹连奔五天五夜，在昭莫多（在今蒙古人民共和国乌兰巴托东南）与费扬古遭遇。

昭莫多前为阔地，后有大片密林，自古以来就是打伏击的好地方。费扬古按照玄烨部署，藏军团于密林中，派先锋400人诱战，边战边退，把叛军引入埋伏圈。清军先下马步战，听到号角声起，就一跃上马，占据山顶。

准噶尔军向山顶发起冲锋，清军在山顶枪箭齐发，血战异常激烈。费扬古又派人绕到山下，突袭准噶尔军粮草辎重，准噶尔军遭前后夹击，腹背受敌，死伤一片，生者尽降。最后，噶尔丹只带几十余骑逃出生天。

经过两次大战，噶尔丹叛乱集团土崩瓦解，玄烨留人一线，再度招降噶尔丹，但噶尔丹仍然继续顽抗。一年后，玄烨又带兵渡过黄河亲征。这时，噶尔丹原来的根据地伊犁已被他侄子霸占，他的左右亲信听说玄烨亲征，纷纷投降。噶尔丹走投无路，服毒自杀。

清政府重新控制了阿尔泰山以东的漠北蒙古，给当地蒙古贵族各种封号和官职。清政府又在乌里雅苏台设立将军，统辖漠北蒙古。

自此，大清真正进入了王朝阶段。

"玄烨"二字从此响彻寰宇，人送外号"千古一帝"！

不得不说，玄烨实在是个牛人，不但能文，而且能武，不仅平了三藩，而且收复了台湾，不仅制裁了沙俄侵犯，还御驾亲征噶尔丹。玄烨用自己的行动给他的后人们定下了基调：任何妄图分裂国家的事情，都是绝不允许发生的！

只是，他的后代们着实让他大失所望了。

我明珠狠起来，敢告自己谋反

历史上的政权发展往往逃不过这样一个规律：一旦外患平息，内斗往往悄然兴起。

党争，这是封建时期历朝历代都无法避免的问题。而他们的"争"，表面上看是政见不同，实际上争的是谁来主政，这是利益攸关的事情。

利益，很容易让人迷失本性，使善良在心中的分量越变越轻。

康熙朝最大的党争，发生在明珠和索额图之间，并且，还有玄烨推波助澜的成分在里面。

明珠，清代著名权臣，史称纳兰明珠。纳兰，即那拉，纳兰明珠的爷爷就是死前诅咒大清的金台吉，所以纳兰明珠又叫叶赫那拉·明珠。对了，和慈禧也是一个姓。

明珠和玄烨的关系，说起来有点复杂，大家一起捋一下。

明珠的爷爷是金台吉，金台吉的妹妹孟古哲哲嫁给了努尔哈赤，生了皇太极。

努尔哈赤和金台吉同辈，那么明珠应该是和福临同辈。

明珠的姑祖母是玄烨的曾祖母。

然后明珠娶了阿济格的女儿，阿济格是多尔衮的哥哥，皇太极的弟弟。

等一下，有点乱！

反正大概好像他们说玄烨得叫明珠一声"姑父"。

虽说有这层亲戚关系在里面，但明珠能够在康熙朝混得风生水起，步步青云，哪怕后来犯下大错也能够安然脱身，其实最主要的，还是因为他深谙为官之道。

第一，他知领导之所好，投其所好。

明珠虽挂名武英殿大学士，却并非才高八斗，学富五车，但他非常聪明。

他通过观察发现，玄烨喜欢那些有学识的人，每每临朝问事，那些问题答得好，显得学问高的同事，都能得到玄烨的赞赏和嘉奖。

但学问这个东西，并不是一蹴而就的，它需要一个刻苦学习、逐渐积累的过程。怎么办呢？明珠眼珠一转，有了想法。

他效仿孟尝君，在府中设立学馆，招揽那些有学问的人，反正只要你有点学问，就能成为他的座上宾。一时间，明珠府上书香缭绕，才子云集，着实让明珠很长学问。

传说，某日朝堂之上，玄烨突然来了雅兴，有意考考明珠，便说："朕听闻你最近在搞学问，结交了不少文人雅士，那朕问问你，庄子的《逍遥游》该如何解读？"

明珠一下子就懵了，作为一个土生土长的满族汉子，他对"迷蝴蝶"的庄子了解不多，他哪里知道逍遥游是"物"还是"非物"？但好在他反应够快。

他略一沉吟，对玄烨说："皇上，您学富五车，提的问题太深奥。微臣才识浅薄，等我回家翻一翻书，再回答您的问题。"

玄烨笑了笑，也没太当回事。

一散朝，明珠便火急火燎地回到家中，"奉圣旨"召集幕僚，大家一番讨论，选出了一个最佳答案。

第二天上朝，明珠将"自己的答案"呈给玄烨，玄烨一看，这文笔、这意境、这深刻的分析……这明显不是明珠写的嘛！明珠也不敢隐瞒，将事实和盘托出。

玄烨并没有怪罪，又让明珠将自己的看法说一下，明珠已经记下了个大概，就用自己的话绘声绘色地来了个临场演讲，玄烨很满意，嘱咐明珠要好好学习，天天向上。

明珠也未负玄烨所望，自己发展潜力有限，就请饱学之士努力培养自己的三个儿子。后来，他的长子纳兰性德、次子纳兰揆叙都成了很有学问的人。尤其是纳兰性德，被誉为大清第一才子。

第二，他步步跟随领导，领导的决定没错。

玄烨准备撤藩时，大臣们出于不同的目的，都在打着各自的算盘：有的人不表态，因为沉默是金；有的人不同意撤藩，理由很简单，三藩就像一颗重磅炸弹，一旦引爆，后果不可预料。

这样的表态，能够最大限度把撤藩失败带来的责任撇清了。

而玄烨，虽说表面上是以民主的方式开会与大家共同商议，听取各方意见，但他骨子里是坚决主张撤藩的。

明珠早就看明白了这一点。

玄烨在当时的局势下选择撤藩，究竟是对是错，到今天还很有争议。但对于明珠来说，领导的决定会错吗？领导当然不会错！他选择拥戴领导的决定，并且积极出谋划策，为贯彻领导的决定不遗余力。

所以在平了三藩以后，玄烨虽然没有对持反对意见的人秋后算账，但对明珠给予了公开表彰。领导对他非常满意。

从此以后，明珠更是坚定不移地执行着坚决拥护领导的职场策略，凡是玄烨的决策他都举双手赞成。

比如收复台湾时，玄烨想给施琅军事大权，很多人反对，认为必须防着汉人。明珠则表示，既然决定启用施琅，就应该给他足够的信任，让他全权负责军务事宜，如果派人监视他、牵制他，主帅不能全力指挥战斗，那还不如不用他。

因为屡次拥护领导决定，而领导的决定最后都"英明"了，明珠越发受到重用，逐渐权倾朝野，人以"相国"荣称。他官居内阁13年，"掌仪天下之政"。

第三，洞悉领导意图，做出正确应对。

明珠如日中天，但朝堂并没有被他一手遮天，朝中还有一位权臣赫舍里·索额图，几乎处处与明珠针锋相对。

索额图的出身也很高贵，他的父亲是大清开国元勋，是位列玄烨四辅政大臣之首的索尼，他的侄女是玄烨的最爱赫舍里皇后，他的侄外孙胤礽是当朝皇太子。这身份明显已经盖过明珠一头。

其实，对于明珠和索额图之间的明枪暗战、争权夺利，玄烨是知道的，但作为皇帝，他不可能让一家独大，威胁到君权。所以他默许明珠和索额图两虎相争，使其相互制衡，这样可以达到权力平衡，更有利于国政。事实上，历史上很多帝王都把这招玩得炉火纯青。

然而，明珠与索额图两党争着争着，就越了雷池。他们由权力之争上升到了国本之争，两家各拥戴一个皇子，一言不合就开撕！

这么玩可不行！玄烨可以容忍下属贪污受贿，买官卖官，但对于动摇国本的事情，是绝对眼里不揉沙子的。因为当时对胤礽还有满满的父爱，所以玄烨决定，先拿明珠开刀！

明珠被投入狱，罪名是贪污，数额极其巨大，性质极其恶劣，社会影响非常不好，很多人都觉得明珠必死无疑。但明珠老眼一眯，又生一计。

他让一个卧底在索额图团队中的心腹，以索党名义行举报之事，弹劾自己结党营私、图谋造反。

明珠这是要闹哪样？是自己活够了还要拉上自家九族做垫背吗？当然不是。

事实上，玄烨只定了明珠的贪污罪，是有原因的。

当时，明珠党羽已丰，如果以结党营私罪处置明珠，那么很多人都要被法办，届时明党为求自保，必然全力反弹。这样一来，玄烨要面对的就是整个明党的对抗！极有可能朝政大乱！

所以玄烨选择用贪污这个罪名，只处置明珠一人，这样明党众人不受牵扯，也就不会为别人强出头了。

明珠正是看透了这一点，所以选择置全家于死地而后生。

果如明珠所料，他的心腹以"谋反"罪名一弹劾，明党那些原本保持沉默的实权人物纷纷上书为明珠辩解，玄烨最不想看到的局面还是出现了，他的头都被搞大了！

另一方面，玄烨也不想将明党连根拔起，造成索额图一家独大，所以最后还是对明珠高高拿起，轻轻放下，只革了他大学士的职。不久后，又启用明珠为内大臣，依旧留在身边使用。

明珠在这个职位上又干了 20 年，虽然不像以往那样受重用，但好歹一直干到死。

历朝历代，权臣的下场往往都不会太好，远的不说，就说他的死对头索额图，死得多凄惨啊！而明珠宦海沉浮，起起落落，最后也算善终，不得不说，他够传奇的。无论是非功过，他的一生都值得细细思量。

皇帝要你三更死，谁敢留你到五更

既然说了明珠，我们就不能不说说索额图，不然显得厚此薄彼，感觉很不地道。

索额图，索尼第三子。索尼在努尔哈赤时期就任职一等侍卫，这是什么概念？就是说，索尼是跟着当朝太祖混的，曾跟随当朝太祖南征北战、出生入死，是当朝太祖的贴身小弟，这资历，够硬核吧！

正所谓："前人栽树，后人乘凉"，索额图背靠着他爸爸这棵大树，一出生就赢在了人生的起跑线上。索额图年纪轻轻就成了玄烨身边的一等贴身侍卫，两个人经常出双入对，关系非常好。

但索额图深深知道，想要宏图大展，登上权力的巅峰，光靠关系是不行的，他必须拿出业绩，得到领导的真正认可。

索额图有着天生的政治敏锐，他早已预断出，玄烨与鳌拜之间的矛盾将不可调和，索额图知道，自己的大机会来了——如果能够帮助皇上干掉鳌拜，平步青云将指日可待！

康熙七年（公元 1668 年），索额图被玄烨晋升为礼部侍郎，相当于组织部副部长。可仅仅干了一年，他就自己请求降职，跑回玄烨身边继续做那个小侍卫。

不久，紫禁城发生了著名的"少年天子智擒鳌拜"事件，索额图作为绝对主力，从此青云平步，荣升保和殿大学士，官阶正一品，相当于现在的政治局常委。这个时期，应该是他和玄烨的蜜月期。

现在大家知道，老索为什么放着好好的组织部副部长不当，跑回来当侍卫了吧，这叫以退为进。

进入朝廷核心领导班子的索额图开始参与军国大事，也展现了优秀的政治才能，发挥了不可替代的作用。

然而，不久之后发生的一件事，却使索额图在玄烨那里跌了分。

什么事呢？就是撤藩。

玄烨撤藩，索额图是表示反对的，因为撤藩，藩王必反，按当时的国家实力来说，后果难以预料。

为此，索额图表示："应该把建议撤藩的人都杀了！"

玄烨对此很不满——撤藩是朕的意思，你小子是想把朕也处死吗？

当然，索额图肯定不是这个意思，但他可能是没有看透玄烨的意思，也可能就是为了和明珠对着干，总之他是非常反对的。

果不其然，玄烨撤藩令一下，三藩先后皆反，其声势之浩大，来势之凶猛，程度之凶险，完全超出了帝国难以承受的范畴。要不是吴三桂老气横秋决策失误，索额图等国家重臣运筹帷幄，全力支撑，玄烨的著名功绩很可能就成了他臭名昭著的败绩了。

不过，侥幸获胜、志得意满的玄烨仍不忘反过来挖苦一下索额图："要是当初听某些人的话，将建议削藩的人杀掉，那忠臣就要死不瞑目了！"

这真是好了伤疤忘了疼啊！

从此时起，索额图再也不是玄烨身边那个最值得信任和倚重的人了。

公元 1680 年，被明珠渐渐盖过风头的索额图再一次选择以退为进，他以"皇上我有病"为由，申请卸任。

玄烨觉得索额图很识趣，内心很欣慰，准许申请，改任索额图为议政大臣。明珠一家独大，飘了起来，终因"动摇国本"而遭受严厉制裁，从此再未得志。

索额图趁势东山再起，重掌权柄。接下来，他又轰轰烈烈地干了两件大事，一是与沙俄签订了还算公平的《尼布楚条约》，二是跟随玄烨征讨准噶尔。这两件事，虽然不能说索额图干得漂亮，但玄烨总体上还算满意。

索额图最大的错误，就在于他没有吸取明珠的教训，在"争国本"的路上越走越远。

没有了明珠的制衡，索额图即便摆出样子退居二线，但作为索党的魁首，他仍然牢牢地掌控着朝堂的话语权，赫舍里氏党羽遍布朝野，有时甚至会让人产生一种错觉——大清究竟是姓爱新觉罗还是姓赫舍里？

再加上索额图与太子胤礽的关系过于亲密，这就触碰了玄烨的红线。

察觉到皇上深深忧虑的索额图再次申请辞职，但以退为进的招数用多了就不灵了，玄烨发现事情并不简单，他大概也动了不简单的心思。

康熙四十一年（公元 1702 年），太子胤礽在德州生病，索额图奉圣旨从北京专门赶去照顾，随后传出，两个人在私处的一个多月中，经常一起"潜谋大事"。

至于真假，无从得知，毕竟在古代，皇帝想干掉一个人，是可以安排出无数种理由的。

康熙四十二年（公元 1703 年），索额图被羁押，幽禁于宗人府，同年被下旨赐死。另有传言，一代"权相"索额图是被活活饿死的。

索额图死后，浩浩荡荡的清算活动开始了！

索额图兄弟子女皆囚禁，下令严管，若有不轨，便将其灭族；索额图心腹统统禁锢，同宗官员一律撤职查办。索额图一党在康熙朝彻底覆灭。

五年后，太子胤礽因故被废，引发大阿哥胤禔巫术镇魇案。求生欲极强的胤礽瞬间找到为自己开脱的借口："以前的种种悖逆行为，都是索额图父子主使的！"

玄烨有意护短："索额图实乃本朝第一罪人也！"

胤礽就这么简单地被重立为太子，但他德行实属不够，还是没有笑到最后。

儿子争，臣子乱，玄烨最近有点烦

在古代，帝王这一职业向来都是终身制的，只有极少数帝王会主动、或被动地选择辞职，将权力交给新的接班人。

这样的制度有利有弊：

一方面，它可以保障政权在较长的一段时间里稳固稳定，不会因为权力变更、政策有变出现混乱。

另一方面，当执政者步入老龄以后，当他们年轻时代的脑力、体力、精力、激情、干劲、进取精神都不复存在时，随之而来的就是种种弊端的显现，国家整体状况迅速下滑。创造大唐盛世的李世民、李隆基如此，一手打造康乾盛世的玄烨与弘历也是如此。

玄烨到了晚年，更准确地说是从康熙五十年（公元 1711 年）前后开始，他的状态明显大不如前，曾经的杀伐决断、挥斥八极、伏虎降龙、架海擎天，一去便不复返。

从这时起，玄烨的执政理念发生了巨大转变。他不再一身百为、兢兢业业，他开始崇尚无为而治，对待一些犯小错误的官员也开始睁一只眼闭一只眼。

这样一来，官场腐败之风立刻抬头。玄烨对此心知肚明，但他并不想"斤斤计较"，他表示：只要官员们不玩忽职守，不鱼肉百姓，为了养家糊口赚点外快，不必锱铢必较。

但官员们并不能体会到皇帝"宽仁"的良苦用心，他们像一群苍蝇见到了腐肉，蜂拥而起吞食着国家和百姓的利益。

再加上四海升平，国家富庶，大家都开始讲究起排场来，有时候皇上轻奢一下下，偶尔打赏一下皇亲国戚、皇妃皇子，再加上百官贪一贪，弄

114

得国库收入一年不如一年，乃至到了雍正上台时，财政严重亏空，国家险些破了产。

玄烨晚年，还发生了一件震荡国家政体的大事件，就是"九子夺嫡"，有些人将其称之为史上最步步惊心的皇位争夺战，其实并不算夸张。

这场皇位争夺战，使自鳌拜后被压制住的朋党之争再次抬头，更让康熙盛世被一层厚重的阴霾所笼罩。虽然玄烨最终使出雷霆手段，拔除了明珠和索额图两大党魁。但争斗并未因此偃旗息鼓，国家政体受到了极大伤害。

显然，康熙晚年，大清朝已经开始走下坡路了。不夸张地说，整顿吏治，刻不容缓，然而，垂垂老矣的千古一帝此时已经力不从心，他只能寄希望于后人。

公元 1722 年，康熙六十一年，12 月 20 日，69 岁的玄烨崩于北京畅春园清溪书屋，在位时长 61 年零 10 个月，是中国历史上在位时间最长的皇帝。

随着玄烨的离去，那个困扰他许久的接班人问题也最终尘埃落定。

刚刚继承大清的新皇帝一上台就打破庙号尊崇之法，尊玄烨庙号"圣祖"，严格来说，这是不合规矩的。

给大家简单解释一下，在庙号中，"祖"和"宗"，分别代表什么。

祖：一般是指这个皇帝是开国之君或等同于开国之君，在庙号中，用"祖"字的，几乎都是开国之君或是开国之君对自己祖先的追封。比如汉高祖刘邦，宋太祖赵匡胤，清太祖努尔哈赤。

另有一种情况——世祖，它是新时代开创者或者是该王朝承上启下君主的特定庙号。比如汉世祖刘秀，元世祖忽必烈，清世祖福临。

"宗"则代表着守国皇帝。很明显，除开国皇帝、开国皇帝追封的祖先、新时代开创者，其他皇帝都应以"宗"为庙号。

但清朝有三祖：太祖努尔哈赤，世祖福临，圣祖玄烨。

福临虽然在位时间较短，作为不大，但确实是在他当皇帝的时候，满州实现了铁骑入关，完成了从地方割据政权到大一统政权的转变，所以他和忽必烈一样被尊为世祖，争议不大。

　　真正有争议的，其实是玄烨的"圣祖"庙号，按照庙号规则来说，玄烨是根本不可能被尊为"祖"的。不过，规矩是死的，人是活的，谁让人家有个霸道又任性的儿子呢。

　　其实，仅从尊庙号一事上，我们便可窥见这位新帝王是多么敢于打破陈规，"任性妄为"。那么，他的所作所为究竟会给大清带来什么变化呢？且听下回分解。

第五章

可甜可咸忽暖忽寒，朕就是这样的汉子

可是，当胤禛明确表示，"朕就要你做朕的十三太保"时，胤祥还是毫不犹豫地违背了自己的心志。

正所谓，士为知己者死！

胤祥再次抽出了寒刀，恢复了10年圈禁被磨平的棱角，他要为四哥荡平宵小，哪怕是拼了命，也要啄瞎敌人的眼睛！

······

九子夺嫡，远比你想象得更惨烈

让我们把时间往回拉一点，继续说康熙朝后期，聊一聊那场惊心动魄的九子夺嫡。

事实上，这件事的始作俑者，不是别人，正是康熙。

可能有人不解，这口锅为什么要让玄烨来背？请看此次事件的导火索——废太子爱新觉罗·胤礽的起起落落。

胤礽的出生其实就是一幕悲剧，他的母亲因他而离世。

胤礽的生母赫舍里氏，与父亲玄烨自幼相识，他们见证了彼此的幼稚，也见证了蜕变的彼此。

从最初的政治婚姻到后来的夫妻同心，十年间风雨相伴，他们的爱情早已超越了世俗情感。

然而，悲伤和希望一样，在我们的人生路上，从未断绝。赫舍里氏在努力生育皇子胤礽时，不幸难产去世，她，还没过二十一岁的生日。

至此，赫舍里氏便成了玄烨心头永远的朱砂痣。

为了表达对爱妻的追思，玄烨完全不顾祖宗的训示，以一己之力推翻之前的储君选举制，明确表示：我就要立胤礽为太子，谁反对都不好使！

作为清朝以及华夏历史上最后一位公开册立的皇太子，胤礽从小就被爸爸照顾得十分细致。玄烨让他住全国最好的房子，给他吃全国最好的美食，为他请全国最好的老师，毫无疑问，因为母亲的关系，他是玄烨最疼爱的儿子。

然而爱一旦不加限制，极易发生变质。

玄烨对胤礽无以复加的溺爱，在他的成长过程中，逐渐变成了伤害，使原本品学兼优的胤礽，一点一点变得冷漠无情，暴戾不仁。

康熙二十九年（公元 1690 年），玄烨亲征噶尔丹，途中生出病患，感觉自己可能有点悬，急召胤礽与胤祉来驿站相见。

结果，胤礽在父亲的病榻前，毫无担心、忧伤之感，看不出任何忠君爱父的表现，这让玄烨的心头好似被狠狠扎了一箭！从这时起，玄烨对爱子开始累积不满。

这种不满整整持续了 20 年，但 20 年来玄烨从未动过更换太子的心念，不得不说，玄烨还是真能忍的。

然而玄烨能忍，胤礽却不能忍。胤礽从 1 岁开始当太子，当了将近 30 年，他的爸爸还很健康，丝毫没有要驾崩的意思。胤礽很担心自己熬不过老爹，心里有点着急，于是开始培植党羽。

玄烨心如明镜，他可以允许朋党相争，甚至故意让他们相互制衡，但绝不能允许朋党坐大，将势力渗透到皇家。于是，明珠案和索额图案发生了。

事实上，这也是玄烨对胤礽一次强有力的敲打。但在胤礽看来，他不过是死了个三叔姥爷，多大个事啊！

时间到了康熙四十七年（公元 1708 年），玄烨带着儿子们去避暑山庄游玩，十八皇子允祄不幸染病，幼年归天，玄烨痛失幼子，透骨钻心，而作为哥哥，胤礽却不见一丝伤心和难过。

这就勾起了玄烨的怒火，谴责胤礽残酷冷漠，然而，胤礽表示，他明明是自己死的，也怪我咯？我没有错！

一直对皇位垂涎三尺、认为废嫡即可立长的大阿哥胤禔趁机向玄烨打小报告，说太子残暴不仁，随意殴打士兵，霸凌平民，还放纵手下敲诈勒索。这些罪状有些是实锤，有些就难说了。

已经很心塞的玄烨听闻此言，决定对胤礽来一次排查摸底，结果让他更加气急，原来自己的爱子早已被惯得骄奢淫逸，凶狠暴力，目无法纪……

这时的玄烨，心里怎一个痛字了得。

然而，胤礽仍然不知收敛自己，反而变本加厉，在巡行回京的那段时间里，每到夜深人静之际，就到康熙的帐篷外窥觑……

胤礽的偷窥之举，令政治敏感的玄烨怀疑儿子可能要弑逆，当即将胤礽太子之位废去，并关其禁闭。

皇太子的失势，自然勾动其他阿哥的小心思。大家像约好了一样，开始结派拉帮。

由于胤礽仍然是百足之虫死而不僵，玄烨的九个儿子分成了四大朋党，分别是：以大阿哥胤禔为首的大千岁党，以胤礽为首的太子派，以三阿哥胤祉为首的三爷党，以八阿哥胤禩为首的八爷党。

有人可能要问了：四爷党呢？事实上，这个时候四爷没有自己的党，四爷属于太子派。

随后的几年里，各位皇子开始相互绞杀，兄弟倾轧。

大阿哥胤禔最先发力，他以为胤礽被废，按照"无嫡立长"的规矩，太子的位置也该轮到自己了。

但是，胤禔太操之过急，机会它可能来过，但一眨眼就没了。

正当胤禔满心欢喜、蠢蠢欲动的时候，爸爸给他来了个当头棒喝，玄烨郑重其事地警告胤禔说："别以为我废太子，并让你保护我的安全，是想让你做太子，你秉性躁急愚顽，根本不是当皇帝的料！"

玄烨这话说得很伤人，胤禔当时很受伤，但他并不死心，他继续蠢蠢欲动着。

胤禔猜测，胤礽有谋逆之嫌，父亲一定想处死他，但父亲心软，而且爱惜羽毛，害怕担杀子之名，不如……

为了在爸爸面前表现，利欲烧脑的胤禔最终说出了愿代父杀子的蠢话，然而，这正好戳中了玄烨的逆鳞。

玄烨作为一个慈祥的父亲，他怎么可以容忍自己的儿子骨肉残杀呢？胤禔简直把他的底线都给扯断了！

随后三阿哥胤祉又向爸爸举报：大哥雇佣巫师，用魔术咒废太子！

玄烨闻言，彻底崩溃了。下令搜查大阿哥府，结果人证物证俱在，胤禔被关禁闭，徒刑无期。

胤禔的错误，正好给了玄烨宽恕胤礽理由，于是胤礽复立。可以说，正是胤禔以一己之力，帮助胤礽打了个漂亮的翻身仗。

可叹胤禔，几十年来一直夹着尾巴做大阿哥，说话做事都要看自己皇太子弟弟的脸色，好不容易有了这样一个理论上的机遇，结果偷鸡不成蚀把米，不但把自己都亏了进去，还促成了弟弟的东山再起。

这件事还没有结束。

胤禔没进去之前，不知道是哪根筋搭错了，曾向父亲进言："相面师张明德曾给八阿哥看过相，说他日后必定大贵。"

咱也不知道他这是真的抬举胤禩，还是另有目的，总之胤禩因此受到了牵连，引发了玄烨的些许不满。

当时，玄烨正欲重立太子，琢磨着群臣已然明了了自己的心思，于是在朝堂上提及此事，谁知以佟国维为首的一班重臣不顾皇帝心志，联名推举胤禩，你们这是什么意思？

玄烨很生气，后果很严重。于是当着诸子的面，大骂八阿哥"柔奸性成，妄蓄大志"，"辛者库贱奴所生，自幼心高阴险！"，"其党羽早相邀结，谋害胤礽"，随即下令将胤禩锁拿。

胤禩事后虽被放出，但为讨好父皇，又莫名其妙地发生了"毙鹰事件"，从此彻底宣告与皇位无缘。

三阿哥胤祉目睹乱局，心有余悸，考虑到自己实力不济，自动放弃。从此不再热衷皇储，一门心思编书。

胤礽重新上台，如果他能吸取教训，慎独慎微，装出乖巧的样子，慢慢熬到玄烨驾崩，他的皇位也许就稳了。

可他不知悔改，反而变本加厉，集结党羽，打击报复，甚至想要效仿李世民，逼父亲尽早让位。这让康熙寒透了心，胤礽再次被废，这次，他真的没戏了。

此时，四阿哥胤禛眼见胤礽是烂泥扶不上墙，已然另起炉灶，大力发展"四爷党"。

八爷党在毙鹰事件后，自知继位无望，全体转型为十四爷党，皇十四子胤禵瞬间势力暴涨。

九子夺嫡，至此已经演变成四阿哥和十四阿哥这对亲兄弟之间的对弈。

那么，摆在眼前的是都很优秀、各有千秋的两个儿子，手心手背都是肉，玄烨该怎么选择呢？

玄烨选择驾崩。康熙六十一年（公元 1772 年），玄烨驾崩于畅春园。临终遗言，由皇四子胤禛执掌江山。

四爷进阶至尊，皇权路步步惊心！

时间节点来到了玄烨驾崩那晚，皇四子胤禛虽然被父亲临终授命，执掌大清江山，但他的位置仍被众人虎视眈眈，事实上，夺嫡，此时才进入决胜阶段。

玄烨这时已经走了，他的遗命完全没有了威慑力，他到底传位给谁已经不再重要，重要的是，谁手里牌好，谁能控局，谁就上位。

那么这一晚，胤禛和胤禵、胤禩手里都有些什么牌呢？

先看胤禵、胤禩这边：

胤禵头顶抚远大将军王重职，能调动五省军队，可惜人在千里之外，远水救不了近火。

九阿哥胤禟、十阿哥胤䄉虽然也参与了夺嫡之战，但基本上就是八阿哥身边两个帮拳助威的，这两个没有实权只有钱的贝子、郡王，你让他们平时培植党羽摇旗呐喊没问题，要让他们关键时刻左右时局，还不如让他们去打酱油呢。

八爷党曾经声势浩大，但如今已经被玄烨打散了。目前在朝并且有点实权的，也就刑部尚书阿尔松阿。像王鸿绪、秦道然这样的文官，茬架的时候根本用不上。或许外放蒙古的鄂伦岱、两江总督查弼纳手中还有些底牌，不过要等到他们在千钧一发之际回京挺八爷和十四爷，没几百架波音747看来是不行的。

再看四爷党：

四爷党成立得比较晚，那是在太子被彻底废掉后才摇起的旗子，所以人数也不多，也就皇十三子胤祥、九门提督隆科多，陕甘总督年羹尧、内阁侍读学士田文镜、户部郎中李卫等，但这些人在关键时刻只效忠四爷，做墙头草，随风倒，那是不太可能的。

赵奢说，狭路相逢勇者胜，但此时此刻，光有"勇"肯定不行，你必须得有兵。

胤禛其实也没有多少兵，他身边就一个九门提督隆科多，手下兄弟也就3万人左右。如果这个时候，八阿哥能把京畿护卫队丰台大营调过来，鹿死谁手真不好说。不过等等，丰台大营，那不是胤祥的老部队吗？

那么问题来了，胤禵难道就不能带兵回来夺位吗？人家手里可是握着整整五省部队呢！再加上老八、老九、老十外放的门人，这要是闹起来，胤禛恐怕对付不了吧？

不好意思，这个问题胤禛早就想到了，陕甘总督年羹尧是干什么的？他负责胤禵的全部粮草供应，没有粮草，十四阿哥靠什么带着大部队回京呢？一个年羹尧，就把胤禵隔绝在了青海！

四爷运筹帷幄，决胜千里，完美控局，成功登基，是为雍正皇帝。

直到这时很多人才醒悟过来，原来老四心机如海，深不可测，这些年他藏得够深啊！

是的，如果这时我们回过头来再看胤禛的前半生，你会恍惚觉得，他好像一直在布局。

想当年，玄烨还活着的时候，有一次评价自己的四儿子，曾痛心疾首地表示："你娃喜怒无常，性子太飘，脾气太暴！"

显然，这是一个百分百差评，胤禛听后慌得不行，他心里门清，要想得到老爷子的肯定，首先必须得改掉自己的臭毛病。

然而，所谓江山易改本性难移，人的天性扎根在骨子里，怎么可能把坏毛病轻易抹下去？

胤禛说没问题，我这就念经去！于是，开始十几年如一日地参悟佛法，磨炼秉性，他极其严格地要求自己，在爸爸面前将自己的不讨喜性格彻底屏蔽，隐藏得非常可以。

党争之初，别人家党派都有像明珠、索额图、佟国维这样的外戚重臣支持，只有胤禛亲妈不疼后妈不爱，自己也"不结交重臣"，就连心腹隆科多，最早都是跟着大阿哥混的，后来还随大流烧过一阵八阿哥的热灶，最后才慢慢向胤禛靠拢。

胤禛"也不争也不抢"，只是"默默"地支持着太子。但太子，不也是父皇支持的人吗？我胤禛这么做，只是在支持父皇的英明决定，算不上拉帮结派，没毛病。

而且胤禛也不逞风头，所以每次枪打出头鸟，都打到太子头上，他在背后一如既往地默默攒人品。

胤礽第一次被废，众阿哥们纷纷墙倒使劲推，落井的石头扔下一大堆。

胤禛这次决定出风头了，他极力为胤礽申诉，对于爸爸与二哥父子关系的修复，更是使出浑身解数。

其实他心里门清，父皇心里仍然偏向着二哥，这个时候煽风点火，一准翻车。稳住才是上策！

果不其然，爸爸与二哥上演了一次破镜重圆，二人都对四爷刮目相看。

而对其他兄弟，胤禛也在爸爸面前故意多说好话，或在对方需要时给予大力支持，玄烨评价他是"为诸阿哥陈奏之事甚多"。

比如在胤禛等人被封为贝子时，胤禛就跑到爸爸面前请求：大家都是亲兄弟，他们的爵位太低，我做哥哥的心里不忍，不如降低我的爵位，平均给他们，使我们兄弟的地位相当。

这一手玩得非常漂亮，既博得了爸爸的好感，又取悦了兄弟的心。

而在大家为夺嫡闹得不可开交时，胤禛却似乎悠闲于局外，没有明火执仗地参与其中，而且还替众兄弟仗义执言，这些都被玄烨看在眼中，特别提出了表扬：

"之前拘禁胤礽的时候，没有一个人为他讲情，只有老四性量过人，深知大义，屡次在朕面前为胤礽保奏，这才是个光明磊落的汉子！"

胤禛在这场夺嫡大战中，不显山、不露水，以不争之争的斗争策略取得了成功。

一方面，胤禛赢得了爸爸的信任，抬高了自己的地位，密切了和爸爸的私人感情。老爸一高兴，把离畅春园很近的园苑赐给了四儿子，这就是后世享有盛名的圆明园。

另一方面。胤禛一直在玩一个大套路——示敌以弱，扮猪吃 tiger。

他一直给对手一种错觉，让人觉得他不过是太子的忠实拥趸，而后也只是个打酱油之徒。其他皇子都认为他实力不够看，对他不以为然，没人稀罕分散精力对付他。

结果等对手一放松警惕，胤禛就开始培植自己的势力，待到他那帮兄弟看出端倪，已经对他无能为力。

有人以诗描绘农家插秧时的情景——"手把青秧插满田，低头便见水中天；身心清净方为道，退步原来是向前。"剖其深意，这俨然是对雍正"以退为进"这一策略的妙笔诠释。

"不争"似乎有悖进化规律，然而其背后有更深层的道理。"争与不争"的辩证法，透露着一个天机：不争而争、无为而无不为、不争而善胜，乃是人类社会进化的公理。表面谦退、与世无争，实则静观其变，以静制动，这正是雍正的过人之处。

最终，胤禛在一片"阴谋论"中，步步为营地登上了皇位。但是，"九子夺嫡"的故事并没有彻底落下帷幕。

君权不可侵犯，兄弟也不例外！

胤禛虽然如愿以偿地登上至尊之位，但他继承皇位的合法性一直众说纷纭，换而言之，他这个皇帝的身份，很多人在心里都不承认。

为了稳定政局，安定人心，胤禛尚未正式登基，就让他的死对头胤禩与胤祥、马齐、隆科多一起总理事务，表示对他的信任和优待。不久之后，又加封胤禩为和硕廉亲王，其他兄弟也都有封赏。

客观地说，胤禛这么做，也不完全是面子活，即便有帝王之术的成分，大概也掺杂着几分真心。如果他的这帮兄弟能够放下自己的坚持，甘心臣服，大家一起好好辅助胤禛打理江山，胤禛也未见得一定会下死手。

然而，他们表示，君要臣服，臣死也不服。

胤禩是个比谁都有野心的人，他自认德才兼备，朋友遍布朝野，爸爸在时就不把这个存在感很低的四哥放在眼里。现在虽然两个人的级别关系发生了质的变化，但自以为是的胤禩并没有完全看清这一点。

所以对于"亲王"这个爵位，胤禩是很不满的，他也不把胤禛的警告当成圣谕来听，八爷党依然在朝中兴风作浪，能给胤禛使绊子的时候，就绝对不会消停。

在胤禩看来：反正我兄弟就是多，你能奈我何？

老九胤禟也和他的八哥一样，并没有认识到，此时的胤禛已经不是当年那个给太子跟班的四哥了，或者说他潜意识中一直不肯接受这种角色转换，所以胤禛的话他很不愿意听。

胤禛让他去西宁戍边，很明显是想将八爷党和平拆散，他不断拖延，一会儿说要给爸爸烧百天，一会儿说要等胤禵从景陵回来兄弟再见一见，一直抗旨不前。

十阿哥胤䄉，妈妈是温僖皇贵妃，后宫中地位仅次于皇后的存在，姨妈是孝昭仁皇后；太姥爷额亦都是后金开国五大臣之一；太姥姥是努尔哈赤第四女；姥爷遏必隆是玄烨四辅政大臣之一；六舅尹德是正蓝旗满洲、蒙古、汉军三旗都统；七舅阿灵阿是议政大臣、理藩院尚书。

这后台，够硬气吧！

玄烨的 24 个儿子，除胤礽外，就属胤䄉的身份最尊贵。所以胤䄉从小就很骄横，就算胤禛当了皇帝，他对抗起来也不虚。

胤禛继位后，派胤䄉去喀尔喀出差，胤䄉一直养尊处优，当惯了逍遥皇子，哪肯做这样的苦差事，就说皇上我有病，我不能去。

胤禛志在拆开八爷党，怎么可能让他轻易推脱？所以有病也得去！胤䄉不能公开抗旨，心不甘情不愿磨磨蹭蹭地去了。

可这位爷走到张家口就不走了，索性就在那里住了下来。并和胤禩、胤禟暗中书信来往不断，信中直呼"雍正"二字，可把胤禛给气坏了。

胤禵是胤禛的亲兄弟，不过两个人一个是亲妈养的，一个是后妈养的，从小聚少离多，没什么兄弟感情，后来在"九子夺嫡"中又闹得不可开交，胤禵对自己的这位亲哥哥那是一百个看不上。

所以胤禵被从西北召唤回京以后，就一直没给胤禛好脸色。

他回来不向胤禛请安，完全不把新皇帝放在眼里。

去景山瞻仰父皇遗容的时候，他坚决不和胤禛站在一起，躲胤禛远远的，一脸的嫌弃。

他老婆死的时候，胤禛派人前去慰问，他一句"我有病，也快死了"，就给怼了回去，态度鲜明地准备和胤禛对抗到底。

这些明目张胆、有恃无恐的对抗，彻底点燃了胤禛的怒火——人家本就喜怒无常，脾气暴躁，这都已经一忍再忍了，你们怎么还蹬鼻子上脸呢？

这可是你们自己找的，别说我心狠手辣哦！

为了保证皇权的神圣不可侵犯，为了保障大清的政体稳定，胤禛终于狠下心来，对他的政敌们进行了铁血镇压。

胤禩被剥夺爵位，削除宗籍，胤禛迫令其改名，胤禩为自己改名为"阿其那"，大概是"（去）干透"的意思。

或许，老八是想借这个名字向胤禛表达，自己争位之心早已干透，余生愿化作寒风中的一缕枯草。胤禛表示这样挺好。

雍正四年（公元1726年），曾经的"八贤王"胤禩，枯萎于囚禁之中。

胤禟虽然只是胤禩的辅助，但不知道为什么，他特别让胤禛不喜欢，胤禛曾当众骂他——"乃痴肥臃肿矫诬妄作狂悖下贱无耻之人"，如此精彩的形容词，老八都没有过这种待遇。

胤禟被削宗籍并戴枷锁拘禁以后，胤禛同样令其改名，他给自己改了个可能还算正常的名字，胤禛非常不满意，又让胤祉、胤祺给他重改，最后定为"塞思黑"，什么意思呢？——"讨厌！"

我们可以想象一下，高冷的胤禛称呼胤禟时，张口来一句"讨厌！"这画风有点不对劲啊！

胤禟的下场最惨，他身缚三条铁锁，被拘禁于河北保定，高墙四面，重兵把守。

囚禁他的地方没有纸、没有笔、没有床、没有帷、没有消暑的冰块，没有解暑的凉汤。三伏酷暑，墙高房小，胤禟铁锁在身，手足拘禁，昏死了好几次。没过多久，胤禟便死在了狱中，民间也有传说，说他是被毒死的。

胤䄉的结局，相对来说还算不错，他被革爵圈禁，但并没有开除宗籍，仍可保留原名，生活水平与常人差不多，只是自由受到限制。这大概就是后台够硬的结果。

胤䄉生性豁达，在被圈禁的日子里心态非常好，他表示：抑郁是不可能抑郁的，这辈子都不可能抑郁的，在看守所和在家没什么两样，不缺吃，不缺喝，没事还能唱唱小曲。看守我的人个个都是人才，说话又好听，我挺喜欢这里的！

胤禩就这样没心没肺地被关了十三年，一直到乾隆继位以后才把他放出来，弘历还封他的十叔为辅国公，四年后，胤禩病死，算是得了个善终。可能真是傻人有傻福吧。

胤禵虽然令胤禛大为光火，但好歹是亲兄弟，胤禛也委实下不去重手，索性把他革职削爵，打发他去景陵守皇陵，眼不见心不烦。

胤禵虽然郁郁不得志，但在有限的区域内还拥有一定的自由，皇陵附近的风景也不错，日子过得尚可。

乾隆继位不久，就把他的十四叔放了出来，先后加封奉恩辅国公、多罗贝勒，多罗恂郡王，并给了他一点统兵权。

不过，这时的胤禵年事已高，政治上不可能再有大作为了。公元1755年，一生不得志的胤禵病亡。

胤禛以铁血手腕对待兄弟，这使他一直以来骂名不断，但如果站在帝王的角度上看，胤禛的"残酷"还是有他的道理的。毕竟自古帝王，社稷为重，兄弟相轻。

（注：雍正即位后，为避圣讳，将众兄弟的"胤"字皆改为"允"字，本书仍以康熙年间称呼使用。）

我胤禛要改革，你们谁能拦我！

胤禛45岁登基，在历代帝王中都算比较晚的了，这说明了什么？

——只要你足够努力，你最坏的结果，不过是大器晚成。

不过，胤禛虽然荣登九五至尊，但他的人际关系还是一如既往地糟，有人将他的这种状态归咎为性格孤僻，或许有这个原因在，但也不完全是如此。

窃以为，胤禛之所以不愿意和下属们走得太近，一方面是早年为了做样子给他老爹看——我老四是不会结党营私的；另一方面，可能是因为胤禛对朝中大部分官员都非常反感。

为什么这么说呢？因为玄烨晚年的时候，"菩萨心"泛滥，对下属们的错误往往都是睁一只眼闭一只眼，也常常是多一事不如少一事。他不忍心处罚跟随自己多年的老伙计们，导致姑息养奸，朝中贪官一片连着一片。

然后呢？就留下了吏治腐败、在岗人员效率低、国库空虚一大堆烂摊子给胤禛。

胤禛这个人比较较真，他对待下属特别严苛，不能容忍下属消极怠工，更不能容忍下属从自家公司掏钱中饱私囊，所以他一上台就制定规范，严明纪律，从快从重打懒肃贪，铁血手腕整顿官场。

胤禛整治起官员来，真的是一点也不含糊，他对贪腐行为采取"零容忍"的态度，一旦官员被胤禛抓到了犯罪事实，那他就不仅是"惨"了！

第一，全部财产归国家所有，就算是你自己凭本事赚的，也得上缴！

第二，砍头，妻儿参与者同罪，妻儿未参与者流放到荒芜地区折磨着！

第三，要求朝中所有官员前往刑场看砍头，杀鸡儆猴！

胤禛的强硬手段搞得官场中人人自危，大家都说给老四当差太难了，于是无限怀念玄烨。朝中不少犯过错误的官员更是顶不住压力，干脆选择了辞职。

但是，你辞职就没事了吗？胤禛说：你想得美，给我查！谁辞职就严查谁！

结果，又有一大批已经辞职的官员被砍了头，儆了猴。

另有一些官员，因为在高级岗位上任职太久，知道升到顶了，工作没了新鲜感，于是麻木怠工，玩忽职守，荒废工作。

　　胤禛说：我可不像我爹那么好说话，远离吧！舒适圈。于是不断进行人事调动。

　　那些官员，前几天还高居庙堂之上，过几天可能就被下放到基层体验生活，前一阵还是基层公务员，过一阵可能就已经主政一方。

　　大清组织结构，走马灯式的换人，来也匆匆去也匆匆，看着很混乱，但胤禛自有他的道理。

　　官员们无论职位高低，资历厚薄、背景软硬，全部流动起来，这样既能保持工作的新鲜感，又能丰富官员的阅历和才能。在轮岗和尝试中，谁是强者，谁是庸者，一目了然，可以真正实现择优而用，人岗匹配，建设出一个高能、高效的政治团队。

　　同时，这种"优胜劣汰"的管理方式，激发了官员们的危机意识，使他们不敢荒废政务，官员们不得不勤恳敬业，官场作风为之一振。

　　胤禛不仅对"贪"、"懒"深恶痛绝，而且对"庸"也毫不姑息。

　　当时有一个叫常三乐的县令，经过工作考核，得到的总体评价是"操守廉洁，但懦弱不振"。就是说，这个人是个清官，但工作打不开局面。

　　主考官建议将他调到教育部门任个闲职，吏部却认为，这个人工作上没有硬伤，给个中评，提醒一下就算了。两部门因此发生了意见争执，最后竟闹到了请示最高领导的地步。

　　胤禛拿过考核报告一看，直接在人名上画了个红圈：撤职！

　　理由很简单，县域是江山社稷的基石，县令虽然级别不高，但责任重大，碌碌无为就是毁社稷，必须撤掉庸者，让能者居之！

　　就这样，在胤禛的铁腕治理之下，大清官场风气迅速扭转，吏治愈发清明。

　　这，大概就是玄烨将位置传给胤禛的原因吧，他自己下不了重手，就把这件事交给一个能下重手的人去办，因为他知道，吏治再不整顿，大清离亡国就不远了！

　　但是，胤禛整治着、整治着……一不小心，用力过猛了！

朝中的官员被他又罢又杀，吏治是清明了，可给他干事的人也不多了。胤禛此时才觉悟过来，只要是人，就不可能没有贪心，只要制度有漏洞，砍头刀挥得再勤，也禁不住人性的贪婪，所以改革制度才是王道！

胤禛是个急性子，说改革就改革。

改革项目一：改土归流。

清朝时期，我国西南及其他一些少数民族聚居地，实行的是土司制度，土司这个职务父死子承，世袭罔替，仅名义上接受政府的册封。

土司们在自己的领地上拥有独立的行政权，生杀予夺、骄恣专擅，心里不高兴，他们就不接受政府的统一调度。显而易见，这就是一个个的土皇帝，他们的存在极大地妨碍了国家的政治、经济、文化统一。

胤禛即位后，下令废除云南、贵州、广西、四川、湖南等多地土司，全国统一实行州县制。

土司们要被削权，他们当然不干，拿起武器就要和朝廷对抗到底，怎么办？

——来人啊，去给朕收拾他们！

改革项目二：火耗归公。

大家都知道，我国古代以银和铜为货币，银和铜在熔铸、保存、运解的过程中会产生一定损耗，所以国家规定，征税时可以适当收取一定的附加费。这个附加费被称为"耗羡"或"火耗"。

"火耗"这一税收项目自出现以来，一直由地方州县自主征收，收上来便作为地方办公及官吏们的团建费使用。"火耗"没有规定具体额度，州县地方长官可以自行定额，这就给了官员们"合理贪污"的机会，他们当然要从重征收，有的抽正税一两，"火耗"就达五六钱，老百姓苦不堪言。

胤禛的"火耗归公"，就是将这个附加费变为法定税款、固定税额，由督抚统一管理，所得税款，除办公费用外，作为"养廉银"使用。这样既可以提高官员的法定收入，又能减轻人民负担，怎么看都是好事一桩。

但官员们可不这样认为，因为眨眼之间，他们嘴边的肥肉就被国库收缴了，他们又气又急，群体抗议。

出现了这种情况，应该怎么处理？

——来人啊，再去给朕收拾他们！

改革项目三：摊丁入亩。

摊丁入亩政策也是对税收政策做出的调整。过去，政府收税按人头算，也就是谁家孩子生得越多，交的税就越多，然而那时又没有有效的避孕措施，这可太难为人了。

不过如果老百姓手里有充足的土地，倒也没什么，毕竟家里人口多，土地收成也不会少。可是在那个时期，老百姓手里不但土地不多，甚至很多人都是给地主打工的，自己压根就没有土地。

这就非常不公平了！没有土地但仍希望家里人丁兴旺的人们，要交的税比只有一两个傻儿子的地主老财家还要多！上哪说理去啊？

胤禛说我来说理，以后咱们根据土地量来收税，谁家土地多，谁就多交税，谁家土地少，谁就少交税，土地量不变的话，生多少孩子都不加税！

老百姓听到这句话，瞬间眼泪哗哗的：天黑以后终于敢生孩子啦！

改革项目四：士绅一体当差，一体纳粮。

古代收税收粮，只到老百姓家收，官绅不必。除此之外，老百姓还要服兵役，官绅也不必。

为什么呢？因为他们通过考试得到了功名，朝廷为了笼络这些读书人，就在制度上向他们进行大幅度倾斜，以此驱使读书人为朝廷做事，为朝廷说好话。

所以才会有这么一句话流传下来：万般皆下品，唯有读书高。

胤禛觉得，这件事太不公平了！尤其是八旗的那些大爷们，很多人不仅不为国家出钱出力，国家还得花钱养着他们，一个个吃得肚满肠肥的！

胤禛说这样下去不行，这件事必须得改，于是重新规定：不管你是否考到了功名，你们家都得和老百姓家一样交税交粮，和老百姓家一样出人服兵役。

当然，不想服兵役和徭役也行，可以拿银子购买豁免权。

胤禛这件事玩得很大，几乎一下子触怒了天下所有的读书人，他们团结起来以罢考威胁胤禛，然而，并没有用。四爷认准的事儿，就算全天下的人说不行也不行！

——来人啊，去，收拾！

读书人当然也不会善罢甘休，他们手里没有枪杆子，但是有笔杆子啊！现在你知道胤禛名声为什么这么差了吧。

在历史上，我们很难再找到一位像胤禛这样的皇帝，他的心里只有江山社稷，完全不管别人的对抗与非议。

不得不说，胤禛的每一次改革，背后都流淌着鲜血，他的铁血，得罪了天下官绅，给老百姓带来了福音，却让自己的声名一再沉沦。

他为了成为自己心目中的好皇帝，放弃了太多太多，他不管别人骂他，恨他，还是黑他，他只淡淡地说了一句：朕俯仰无愧天地，褒贬自有春秋。

只可惜，胤禛执政的时间太短，他死后不久，他的很多利国政策就被弘历废除了。

弘历固然英明，但他没有他父亲的那种果敢和魄力，他非常爱惜自己的羽毛，轻易便向读书人投降了。以父为鉴，他害怕自己的身后也会骂名滚滚来。

臭名昭著血滴子，真不是个东西

喜欢看清宫剧的朋友，一定对"血滴子"不陌生，据说，那是雍正为了铲除异己，找江湖人士专门打造的一种独门暗器，相当的霸道狠绝，专取别人项上人头，场面不忍直视，令朝野上下闻之莫不三魂出窍。

在《胤禛外传》《吕四娘演义》《满清十三朝宫闱秘闻》等野史故事中，死于"血滴子"之下的冤魂可谓不计其数，就连胤禩、胤禟都被描写成是被"血滴子"所杀，看到这里很多人应该明白了，这些秘闻显然是时人为了创作需要所杜撰的。

事实上，"血滴子"它真不是个东西，确切地说，胤禛从来没打造过一种叫"血滴子"的暗器。当然，这也不是说，"血滴子"它是不存在的。

"血滴子"给人的影响是诡秘、血腥、残暴，这一点并非凭空捏造，它的历史原型正是胤禛手下的特务组织——粘杆处。

粘杆处这个名字看似人畜无害，但实际上它在雍正朝是一个非常恐怖的存在，就如同明朝的东厂、西厂和锦衣卫，它的主要任务是从事特务活动，譬如刺探情报、监视百官，必要的时候，如果皇帝不方便公开处置某些人，他们还可以暗中代劳。

因为这些人行踪诡秘，行事狠辣，许多被处置的官员背后都有他们的身影，久而久之，人们便将这个特务组织与流血事件联系在一起，将其冠名——"血滴子"。

粘杆处其实早在胤禛做皇子时就已经存在了，其早期成员基本都是胤禛的府邸奴才，而早期工作职责也不过是侍奉主子罢了。

当时的情况是这样的，胤禛的府中种了许多树木，一到盛夏，树上的知了便叫个不停，有过相关体验的人都知道，那叫声的确不怎么美妙。

胤禛是个喜欢安静的人，而且是个脾气很暴的人，他怎么能忍受得了这些小知了每天骚扰自己呢，于是命令府中的奴才拿杆子把树上的知了都粘下来，判它们死刑。

除此之外，这些人还为胤禛提供捉蜻蜓、逮鱼饵等生活类服务，因工作内容而得名"粘杆处。"

然而，随着九子夺嫡的爆发，粘杆处的工作内容也发生了质的变化。

胤禛虽然表面上不和兄弟们争锋，但他其实一直在暗中布置，他需要掌握时局，了解所有对手的动向。

这个时候粘杆处就被赋予了特殊的职能，他们被胤禛委派出去，一边粘蝉，一边听八卦，有蝉打没蝉打也去瞧瞧！后来，胤禛发现这真是安插特务的好方法，开始暗中招收身手好的人进行业务培训，这时的粘杆处就已经成了一个小型的特务组织。

胤禛在上位的过程中，粘杆处帮他四处刺探情报、暗中笼络大臣，着实是立下不少功劳。为了表示自己吃水不忘挖井人，胤禛便在内务府特别为粘杆处设立了一个部门，粘杆处的主管叫"粘杆侍卫"，手下的小弟被称为"粘杆拜唐"。

这些人的官职都不高，但谁也不能小觑，因为他们都是胤禛的府邸奴才，是心腹之人，就跟领导身边的秘书，老板身边的司机性质差不多。

可能是因为粘杆处这个名字叫出去不够响亮，有点配不上皇帝亲信的身份，所以胤禛就给它换了个看上去很高端的名字，叫"上虞备用处"。在胤禛执掌江山的那段时间里，粘杆处可以说是一个牛气哄哄的存在。

"粘杆处"表面上是伺候胤禛及皇室成员玩耍的服务机关，实则是一个特务性质的实权部门，是胤禛手中的一件政治利器，专职帮助胤禛消除政治隐患，所以甭管你是皇亲国戚，还是王公大臣，一不小心都有可能栽在粘杆处手上。

而且与明朝的厂卫、锦衣卫相比，粘杆处工作人员官职低，没有厂卫那样的存在，不引人注意，并且皇帝可以随意调动更换，这使得他们行动起来更具有隐蔽性。说得直白一点，皇帝要想和谁玩无间道，从粘杆处找个特务伪装成家奴什么的安插到对方身边，对方可能完全不会察觉，他们简直无孔不入。

试想一下，朝中的文武百官每天都战战兢兢地猜想：我身边有没有皇上派过来的粘杆处大神啊？！这日子过得该有多么地煎熬。

清朝有个叫赵翼的人，根据自己的所见所闻写了一本书，叫《檐曝杂记》，他在书中记录了这样一件事：

翰林院修撰王云锦，春节放假闲来无事和亲朋好友在家中打叶子牌，其实就和马吊牌差不多。

玩着玩着，这牌就少了一张，大家怎么找也找不到，也没在意，换副牌接着玩。

假期结束以后，老王上朝的第一天，胤禛看似关心下属生活似的问老王，爱卿假期都去哪里玩耍了？

老王是个老实人，如实告诉胤禛，自己哪里也没去，就和亲友在家玩了一会儿叶子牌。

胤禛拍了拍老王的肩膀，点了点头，直夸老王是个老实人，边说边将老王丢的那张叶子牌还给了他。

老王瞬间冷汗就下来了，幸亏自己没说领导坏话，要不今天脑袋就搬家了。

这个故事是不是真的，我们无从得知，但这也从侧面反映出了当时人们对于粘杆处的恐惧程度。

看上去，雍正朝的臣子们，貌似已经被这位铁血帝王当成蝉、蜻蜓、鱼一样的小动物来控制了。

军机处里好风光，内阁大臣好忧伤

公元 1727 年，雍正五年，这一年大清发生了一件大事，当初被玄烨差点灭掉的准噶尔部死灰复燃，又开始蠢蠢欲动，肆意向外扩张，挑衅大国威严。这使得胤禛龙颜大怒。

但是，大怒归大怒，可现在自家的国力严重不足，爸爸只给胤禛留下了一个空虚的国库，没钱就没法发军饷，还打什么仗？

所以胤禛忍着性子等待了两年，默默积攒了两年。公元 1729 年，雍正七年，胤禛终于有钱了，他决定对准噶尔部发起正式进攻。

胤禛做的第一个战前准备，就是组建了军机处。

以往，皇帝要向官员下达命令，或者与官员书信来往，都要经过内阁呈递或转交，这就会延缓办事效率。现在要行军打仗，战场情况瞬息万变，分秒必争，一个耽搁就可能导致伤亡惨重。

所以，胤禛出于指挥作战的方便性考虑，从百官之中抽调了几位精明强干之人放在身边使用。这些人既可以充当军事顾问，随时帮胤禛出谋划策，也可以作为"钦差"直接向战场传达命令。这就是军机处的雏形。

军机处成立之后，排除了王公贵族、内阁大臣对圣意的阻挠，使皇帝乾纲独断，大权独揽，皇帝可以通过军机处直接向各地方官员下达命令，努尔哈赤以来的议政处渐渐形同虚设。

喜欢独断专行的胤禛对军机处越用越顺手，觉得这真是个非常美妙的东西，于是仗虽然打完了，但军机处还是被保留了下来。

大清从此多出了两个正式职位——军机大臣（俗称"大军机"）和军机章京（俗称"小军机"）。

军机处的工作人员全部由胤禛直接挑选，由内阁大臣兼任，这些人在军机处任职均属兼职，没有品级，没有俸禄，实际上就是皇帝的私人智囊团和秘书班子，他们直接听命于皇帝，跪受笔录，他们的活动都是在皇帝的监督下的，旨意完全是按皇帝的话记录的。说白了，就是君主专制独裁的工具。

军机大臣一般只有皇帝最信任的国家重臣才能担当，比如最早的胤祥、鄂尔泰、张廷玉、蒋廷锡等人，可以说是绝对的"任人唯亲"，也可以说是将"任人唯亲"堂而皇之地制度化。

不过，其实在某种角度上看，这也算得上是一种进步呢。

对比福临、玄烨执政时期，虽然没有设立军机处，但他们还不是一样的"任人唯亲"，有谁可以限制他们呢？

但是胤禛设立的军机处对自己"任人唯亲"是有限制的，他规定：军机大臣必须正三品以上，军机章京只能在从三品以下官员中选择。这个规定不管是不是做给大臣们看的，但它确实对君主的独断专行起到了一定的限制作用。

军机处在雍正时期属于特殊部门，涉及很多机密工作，那么保密工作就必须要做好。所以军机处这个地方，除了皇帝和军机处工作人员以外，其余人一律不得擅自进入。即便军机大臣有圣意要传达，也要远离这个红色区域再发话。

喜欢做批示的胤禛还给军机处贴了一张纸条，圣谕：军机重地，有上台阶者，处斩！

军机处的出现，在某种程度上架空了内阁，在胤禛的强推之下，使君主集权发展到了顶点。

将君权提升到这种地步，恐怕连著名的独裁皇帝朱元璋都要对胤禛说一声：老夫佩服！

密折在手，爱卿，朕要你们颤抖！

告密，向来为君子所不齿，因为这可不是什么光彩的事情，而且也不是正当的竞争手段，但在雍正朝，告密则一直被视作为本职工作的一部分。

雍正二年（公元 1724 年），浙闽总督觉罗满保、山西巡抚诺敏、江苏布政使鄂尔泰、云南巡抚杨名时，正美滋滋地上着班呢，突然遭到胤禛严厉的批评，紧接着胤禛宣布：停止他们的奏事权！

作为一名官员，除了降罪撤职，再没有什么比被剥夺奏事权更严重的处罚了。那么，他们到底怎么了？究竟是什么地方得罪了霸道总裁胤禛呢？

原来，这四个家伙把向胤禛递交的奏折内容透露给了别人，这就犯了胤禛的大忌讳。在雍正朝，这种天知地知，你知我知，不能让第三者知道的奏章，叫——密折。

密折，顾名思义，要旨就在一个"密"字，它必须由皇帝亲自拆阅，任何第三者都无权拆看，递折子的人也不能向任何人透露消息，保密性极强。

胤禛在登基的第 14 天，就给密折制定了严格的规定：

允许和鼓励四品以上的中央和地方官员直接向皇上递折子；

密折按照内容的重要性和保密级别，分别规定用素纸、黄纸、黄绫面纸、白绫面纸四种，并使用统一规格的封套。

密折必须本人亲笔书写，不得外人代笔，不得外传，否则严惩不贷。

密折写完后，加以封套、固封，装入特制的折匣，用宫廷锁匠特制的铜锁锁住，坊间锁匠配制的钥匙是绝对打不开的。

一个折子，为什么要整得这么机密呢？因为胤禛就是要给群臣以震慑——你不知道哪一天会被哪个人实名举报，这个人可能就在你身边，就是你的密友，所以大臣之间无法相互信任，不能拉帮结派，每个人也都慎独慎微战战兢兢，生怕哪天抱怨两句工作辛苦就被弹劾。

在密折制度里，官员之间不分上下级地相互监视、检举，任何有密奏权的人都可以越级打小报告，他们只对胤禛一个人负责。

显而易见，密折的作用就是使皇权高度集中化，增添皇权的神秘感，使每个官员都活在被皇帝支配的恐惧当中，不敢做什么违法乱纪之事。他们为保住官位和人头，唯一能做的就是对胤禛效忠到底。

支配到了这个地步，胤禛觉得还不过瘾，他还经常提醒下属，在朕的眼皮子底下做事，你们都给我老实点——

"朕事事不及皇考，唯有洞悉下情之处，则朕得之于亲身阅历。朕在藩邸四十余年，凡臣下之结党怀奸，夤缘请托，欺罔蒙蔽，阳奉阴违，假公济私，皆朕所深知灼见，可以屈指而数者。"

这段话是什么意思呢？胤禛是在警告百官：虽然我事事不如我爹，但论见世面，我爹可比不上我了。

说得再直白一点：我爹是很牛，但是很傻很天真，总被下属忽悠。我就不一样了！我在社会上混了40多年，什么套路我没见过？你们骗我一个试试！

结果有人不信邪，说试试就试试，然后暗中欺骗胤禛。

再然后呢？海宁曹家了解一下。

胤禛作风刚猛，手段强硬，对于那些国家蛀虫动不动就抄家索命，于是落了个冷血无情的名声。

咱们的曹雪芹先生穷困到死，就是拜胤禛抄家所赐，导致曹先生在饥寒交迫中激发才思，胤禛也算无意中为中国文学造了福祉。

在密折制度下，胤禛觉得自己俨然已经站在了上帝视角上，借此，他能够看清一切，掌控一切，这么好的东西，是一定要大力推广的。

做个直观的对比，玄烨当了61年的皇帝，上过密折的官员只有100多人，而胤禛在位仅13年，上密折者达到了1200多人！玄烨宽仁，得饶人处且饶人，所以密折制度只是一个执政辅助，对政治的影响相当有限，而胤禛多疑苛刻，有错必纠，遂使密折制度逐渐成为行政主流，成为他鞭笞天下的重要工具。

当然，胤禛不只是看折子，享受百官争先恐后告密的乐趣，精力惊人的他几乎每折必批，而他所做的批示也非常有个性化，有时斟字酌句一本正经，有时嬉笑调侃全成文章，有时拍案怒骂跃然纸上，有时铁骨柔情心意绵绵……

而今我们喜闻乐见的"雍正语录"，比如：

"李枝英竟不是个人，大笑话！真笑话！……朕笑得了不得……"

"该！该！该！该！只是便宜了满丕等，都走开了，不要饶他们，都连引在内方畅快！"

"朕就是这样的汉子！"

"朕实在不知怎么疼你……"

"朕亦甚想你……"

事实上都是胤禛在密折上的亲批，并非段子手对他的调侃。

透过这些批示，我们仿佛能看见一个将家事、国事、天下事一肩挑的帝王，他伏在案边，时而抚掌大笑，时而拍案而起，时而不住叹息，他有时是个九五至尊，有时只是个有喜怒哀乐的俗人……

借密折治国，胤禛将国家政体牢牢控制在手里，只要他大笔一挥，整个大清都有可能为之颤抖。在自古君臣暗斗，皇权不断被分化的朝堂之上，执政者能把君权维护到这种地步，真是一种"理想"境界。

当然，密折在胤禛眼里纵有万般好，但"明奏"仍有它存在的价值，是不可能完全被取代的，所以胤禛时期，实际上实行的是明奏、密折双轨制。

年羹尧，你不作，朕不会让你死

要说胤禛与年羹尧的"金风玉露一相逢"，其实还挺尴尬的。

当时，胤禛还只是个贝勒，孤僻的性格使他并不受众兄弟们的待见，他总是独来独往形单影只，有时还会干些不合身份的荒唐事。

北京城的八大处历来是个有名的景点，古时候也是一些泼皮无赖聚集、闹事的地方。这天，当时还挺天真的胤禛就在翠微山上了大当，被"放鹰"的给碰瓷了。

胤禛茕茕孑立一个人，身上也没带什么信物证明身份，别人也不认识他，正不得脱身、尴尬无比之际，小年用一张银票帮他解了围，二人从此成了好朋友。

康熙末年，年羹尧已经爬到了陕甘总督的位置上，胤禵当时在西北平乱。胤禛密令年羹尧牵制胤禵，使得重兵在手的胤禵无法挥师入京，确保了胤禛的顺利登基。说年羹尧一手擎起半边天，其实也不为过。

胤禛上位以后，居功至伟的年羹尧和隆科多两人自然成了他的左右手，加上年羹尧的妹子做了胤禛的贵妃，二舅子这层关系更使君臣之间多了一种胜过别人的信任感。

胤禛登基之初，朝局不稳，他必须用一些功绩来稳固自己的政权，安定民心。机会，说来就来了。

青海罗卜藏丹增蠢蠢欲动，胤禛一拍巴掌：二舅哥，看你的了！

年羹尧带着岳钟琪，如虎入羊群，将罗卜藏丹增彻底肃清，为胤禛向八爷党发难增添了一个重要砝码。年羹尧因功加封太保、三等公；仅隔6天，又加封二等公；次年，晋爵一等公。这时的年大将军已经威震西北，功盖天下了。

从胤禛即位算起，仅用半年多时间，年羹尧就独揽了西北军政大权，其官位提升之快，权力膨胀之大，几乎令所有的王公大臣都羡慕嫉妒恨。但是有什么办法？谁让人家是皇上身边的当红炸子鸡呢！

自此，大清许多要事都只在君臣二人间秘密进行。君臣二人龙虎风云，相得益彰。

胤禛对年羹尧寄予厚望，年羹尧也不负皇上的殷殷期盼，为胤禛、为朝廷可谓竭尽全力。胤禛早期的一些政绩与年羹尧的努力是绝对分不开的。

胤禛也不是个小气的人，给了年羹尧任何人都无法比拟的恩宠，加官、晋爵、赐第、赏金……除了江山和媳妇，他啥都愿意给。老年家也是一人得道，鸡犬升天。

胤禛对年羹尧的宠爱无以复加，同时也把他抬高到了一个非常危险的位置，为年羹尧之死埋下了隐患。

事物发展如果逾越了规律必然导致走向反面。年羹尧被自己辉煌的业绩和巨大的权势蒙蔽了双眼，在一片恭维和赞颂声中自我膨胀起来，"既受天眷，日渐骄傲"。

他开始妄自尊大，不守臣道。

在四川，年羹尧把玄烨的行宫当作自己的中军营帐，每天有1000多人为自己运送蔬菜食品，吃饭称之"用膳"。

在军中，蒙古诸王见他必须下跪。

对待胤禛送给他的侍卫，他让这些人直把自己当作亲爹一般。他们被用作仪仗队，充当下人役使，为他前引后随，牵马坠镫。

他在与督抚、将军往来的咨文中，擅用令谕，语气模仿皇帝。

胤禛召他进京时，黄缰紫骝，郊迎的王公以下官员都要跪接，年羹尧高坐马上，看都不看一眼。王公下马向他问候，他也只是骄傲地点点头而已。

在京期间，他外出时，先令百姓填道，届时戒严，店铺关门停业。别人给他送礼必须称"恭进"，而他给属员之物称"赐"，接见新属员称"引见"，俨然一副皇帝对待臣子的样子。

年羹尧还"传达旨意，书写上谕"，直把自己当成了总理事务大臣。更有甚者，他在胤禛面前态度竟也十分骄横，毫无人臣之礼。

这样的年羹尧，在胤禛心里，已经和鳌拜差不多了，胤禛对他即将忍无可忍，但年羹尧政治反应迟钝，依然毫不收敛。

他接受贿赂，侵吞军饷。除他的亲信外，凡走他"后门"以求一官半职者，都要给他进献厚礼。仅人事安排一项，年羹尧最多一次就收受白银40万两，那时一品大员年薪才180两！

他排除异己，结党营私。在保举官员时，他滥用私人，凡由他举荐者称为"年选"，连吏部、兵部都不得不给予方便。这样，他把自己的亲信全部安插在重要部门，形成了以他为核心的"年党"。

胤禛如坐针毡！

而最使胤禛心生寒意的是，他看到了自己亲手建立的情报网在年羹尧处的失灵。

前文讲过，胤禛自登基以后，为了加强中央集权，杜绝结党行为，使用了非常恐怖的监察手段，他的耳目触角遍及全国各地，有以密折制度为依托的明线，又有由特工织成的若干暗线。因此哪怕臣子在家中和老婆说几句腻歪话，第二天都有可能被皇上知道，这种情况下人人自危，莫不谨言慎行。

但别人很谨慎，年羹尧却很恣意，而情报网又偏偏在他这里出了问题，有关年的行动，探子竟无片语只言的报告。原来，自己派去监视年羹尧的人，竟被年羹尧充作了下人使用。

雍正痛心极了，想不到自己最信任、最重用的人，竟然是最有负于自己的人，人和人之间的信任到底哪里去了？正所谓"爱之越深，恨之越切"，胤禛对年羹尧的怨怒彻底爆发了！

但是，胤禛整人的策略一向是"不遇事发，姑不深究"。就是说，要寻找最恰当的机会、最好的理由，一击即中，往死里整。不久，这个机会终于来了。

雍正三年（公元 1725 年），是世界历史上微不足道的一年，但对大清雍正王朝来说却是异乎寻常的一年。

在这一年 2 月，天空出现了一个奇特的天文现象，太阳还没有下山月亮就出来了，而且正好赶上金、木、水、火、土五星连珠，这种现象大概要一两百年才可能赶上一回，所以历来被认为是大吉大利。因此，百官纷纷上书、上表祝贺皇上，说这是咱们皇上英明，天降吉祥。

年羹尧也不例外，他在上书时用了一个词"夕惕朝乾"，原词出自《周易》，意思是说：有道德的君子、有学问的人，整天都非常努力勤奋，到了晚上，还总是想着，我是不是有什么地方做得不好？明天能不能做得更好一点？

但年羹尧把常用的"朝乾夕惕"写成了"夕惕朝乾"，让胤禛给抓了小尾巴，胤禛就说他是有意倒置，心怀叵测，他在上谕里面斥责："你是故意的吧……"

当年 4 月，胤禛解除年羹尧川陕总督职务，命他交出抚远大将军印，调任杭州将军。但年不听调令，托词不愿前往，后迫于皇威不得不就范，但到杭州后仍抖威风，以致卖柴卖菜的小贩都不敢出门。

年羹尧一被调职，百官迅速看清了形势——这是皇上要整年大将军了！于是纷纷附圣意，上书揭发年羹尧罪状。

雍正以"群众的眼睛是雪亮的"为名，革了年羹尧所有官职，并于当年 9 月下令抓捕年羹尧押送北京会审。审判结果：年羹尧犯 92 款大罪，应判死刑并立即执行。实际上，这里有很多罪名，都是主审人员强拉硬扯、随便上纲上线的。

但皇帝要你死，只一条重罪还不足够吗？更何况胤禛说，这 92 款大罪中，应处极刑立斩的就有 30 多条。

一个被皇帝视如手足的权臣，一夜之间成了十恶不赦的罪臣。鸟之将死，其鸣也哀。年羹尧在监狱里上书哀求，他说："把我这条狗，把我这匹马留下，慢慢地给主子效力。"

胤禛念年羹尧青海战功，格外开恩，赐他狱中自裁。毕竟不必杀头，可留下个全尸，对年羹尧来说，也算得上皇恩浩荡了。

据说那晚，年羹尧沐浴后伏地长跪遥拜父母，他看着扑闪的青灯，听着长长的南屏钟声，提笔写道："晚钟送残月，孤灯落碎花。北风凋碧草，胡马腾白沙。"并咬破中指以血在墙上写下"狡兔死，走狗烹"6个大字，写毕，径向悬挂着的白绫走去。

年羹尧父兄族中任官者俱革职，他的儿子被斩，其他15岁以上、嫡亲子孙都发配到边疆充军，家产抄没入官。叱咤风云一世的年大将军，终以身败名裂、家破人亡告终。

这段历史也给大家提了个醒：别人再宠你惯你，他毕竟不是你的爸爸妈妈，当你的任性、蛮横和乖张达到一定程度时，曾经对你宠极的人也会开始秋后算账，所以小伙伴们凡事要时刻保持清醒，千万不要恃宠而骄。

舅舅，说实话，我忍你很久了

隆科多的权与贵是皇帝给的，皇帝自然也能夺走，虽然贵为国舅，而且有着充分的思想准备，但也未能逃脱这一命运。

玄烨晚年，九子夺嫡斗争激烈。隆科多原本是大阿哥党成员，也曾短暂靠近过八阿哥。后来，大阿哥、八阿哥相继失势，他为了巩固自己的权力和地位，竭力同日益受宠的胤禛拉关系。而暗藏野心的胤禛看到隆科多京畿军权在握，就和他对上了眼神。两个人的关系非常密切。

玄烨在畅春园驾崩后，隆科多宣读"遗诏"，由胤禛即帝位。接着，隆科多率军警卫京城，关闭九门6天，诸王没有得到令旨不得进大内，以防胤禩集团乘机搞事。

可以说，在胤禛登基的过程中，隆科多同样立下了汗马功劳。从此，隆科多成为新政权的核心人物。

玄烨去世不久，胤禛就任命隆科多为总理事务大臣之一，把他父亲佟国维在第一次废太子中获罪失去的一等公爵衔赏给隆科多，并称隆科多为舅舅，这是异乎寻常的。显然，胤禛是用封爵、尊称和总理事务大臣三个头衔在酬谢隆科多扈翼登基之功。

胤禛即位初期，政局不稳，他希望隆科多和年羹尧能够和自己紧紧团结在一起，不要搞内部分裂，为此，他还把年羹尧的长子年熙过继给隆科多做儿子。其实，隆科多已经有两个儿子了，但皇上的"好意"怎么能拒绝？他千恩万谢，并向胤禛发誓，一定会同年羹尧亲密共事。

然而，所谓"权重必擅，赏多必骄"，隆科多自恃功高，在朝中日渐贪婪、张狂起来。

不过，隆科多虽然很贪婪，骄横跋扈，结党营私，但他是个有心计的人。他预料到自己的权位并不稳固，因而在许多事情上都留了后路。

比如：他很早就把财物转移到各亲友家中，以防胤禛抄家；他担心权位过重，会引起胤禛疑忌，于是主动提出辞掉步军统领之职。

他对胤禛尚抱有一些幻想，觉得自己劳苦功高，皇帝总会给自己留一些余地。

然而，他还是错误估计了胤禛的狠厉深度。胤禛这个人，他对你好时，简直可以与宠妻狂魔相比。可你一旦触犯他的逆鳞——君权，那么不管你是谁，立过多大功，有没有血缘关系，他就绝不会再给你任何机会。

在胤禛的思维里，他是天下所有人的皇帝，所有人必须对他绝对臣服和忠心，没有人可以例外，谁若越雷池而不退步，定不饶恕！这也是年羹尧和隆科多由盛极到极衰的直接原因。

所以，出于政治绝对安全的考虑，为防止任何敌对集团势力反弹，胤禛必然要对隆科多这样在朝中很有影响力，同时又与其他集团暧昧不清、藕断丝连的人进行严肃处理。

雍正三年（公元 1725 年），胤禛开始在给两江总督查弼纳的密信中，话里话外点拨对方，暗示他站出来检举自己的老伙伴隆科多。

查弼纳也很为难：皇上这明摆着是要我卖友求荣啊！这事儿我查弼纳要是干了，以后还怎么在官场上混呢？谁见了我不得躲远远的？

于是，他选择了避重就轻，只挑不痛不痒的小事说，类似于隆科多去下面办事搞大吃二喝，跟隔壁街豆腐西施眉来眼去等等。

胤禛一看，气坏了，直接退回重写，数次退回重写。

数月后，年羹尧倒台，查弼纳自然也是出了一份力的，胤禛抓着这事直接怼他："你弹劾年羹尧的时候怎么那么积极呢？轮到隆科多你就吭哧瘪肚的，你们这钢铁般的抱团意志，朕委实感到很忐忑啊！"

这话的分量已经很重了，查弼纳被折磨得都快哭了，回奏胤禛说："老臣揭发了七次，七次都没能令您满意，现在不爆点隆科多的狠料，看来是没有活路了。不过皇上，我知道的大家都知道，大家不知道的，我也不知道。"瞧这话说的，一看就是官场老油条。

不久，鉴于朝中大臣纷纷反映国舅隆科多问题多多，胤禛不得不开始着手处理隆科多，结果一查，果然问题多多。你懂的。

胤禛"痛心疾首"地提醒隆科多："朕登基之初，把你和年羹尧当自己人看待，没有一丝一毫的猜疑和防范。可你们是怎么做的呢？揽权纳贿，作威作福，辜负朕的一片心意！朕可不是姑息养奸的人！以前明珠、索额图勾结营私，我爹只是解除了他们的职位。我可没那么好说话，你和年羹尧要是心里还没点数，不知收敛，想跟明珠一样的（好）下场，是万万不可能的！舅舅，你可长点心吧！"

接着，胤禛两次把隆科多派往边疆，让他去与蒙古部落以及俄罗斯进行边界划定谈判。政治嗅觉敏锐的人一看就知道，胤禛这是要把隆科多"挂"起来，切断他与"隆党"的勾连。

果然，隆科多这边刚走，胤禛立马召开高层会议，对隆科多的问题进行定调："隆科多罪恶重重，简直该杀，如果这次他把事情办得漂亮，朕就算他将功补过；如果他心怀叵测，谁也别怪朕不念旧情。"

结果，隆科多在边疆事情办得都还不错，胤禛很恼火：十三弟，这事儿你怎么看？

雍正五年（公元 1727 年），看透了四哥心意的胤祥牵头弹劾隆科多。

好家伙，怡亲王都站出来了，各位同僚，咱们也别太不懂事了！于是百官跟随，"倒隆"的浪潮掀起来了。

接着，宗人府弹劾隆科多私藏玉牒；

隆科多长子岳兴阿主动交代父亲罪行，并揭露了许多鲜为人知的秘密……

"群情汹涌"之下，胤禛迅速对隆科多采取行动，直接将谈判中的隆科多锁拿回京，并交由顺承郡王爱新觉罗·锡保主审，最终，隆科多被定 41 条大罪。

大概因为刚刚杀了年羹尧，此时再杀隆科多，恐怕世人嚼舌头，说他雍正卸磨杀驴什么的，所以胤禛故作姿态地表示：你是先皇驾崩时唯一的承旨人，朕实在不忍心让你死。

所以，胤禛免去隆科多死刑，命人在畅春园附近造屋三间，把隆科多永远禁锢在那里，以显示自己的宽仁之心。隆科多的财产被全部充公，长子岳兴阿被革职，次子玉柱被发往黑龙江。就这样，盛极一时的显宦之家，最终毁于一旦。隆科多悲愤至极，翌年死在禁所了。

你是我的拼命十三郎，名讳不用避君王！

若干年前，皇宫深处，有个萌萌的小胖子正在费力地解着数学题。

门"吱呀"一声被打开，一个扑克脸少年走了进来，关心地问道："十三弟，还在研究皇阿玛布置的烧脑数学题啊？"

150

小胖子见到来人，委屈的泪水啪嗒啪嗒就掉了下来："呜呜，四哥，现在的小学数学题也太难了！"

你没有猜错，这位小胖子和扑克脸少年，正是大清的兄弟情标杆——爱新觉罗·胤禛和胤祥。

那时，胤禛奉命做胤祥的数学老师，哪知不过几堂数学课，他们之间的兄弟情就再也割不断了。

事实上，胤祥的童年也挺阴晦，因为他的妈妈章佳氏地位非常卑微，并不是口口相传的蒙古公主宝日龙梅。

章佳氏虽然给玄烨生了三个孩子，但玄烨娃多了就不重视，对章佳氏不加封也不赏赐，所以章佳氏直到红颜早逝，都没升到"嫔"的位置，说白了，她连十三姨太太都不是。

封建社会，虽说可以母凭子贵，但同样，母亲的地位，也决定孩子的成长氛围。

可以推测，相比于其他阿哥，童年胤祥的日子并不好过，值得庆幸的是，他还有一个疼他护他的好四哥。

时光荏苒，不知不觉间，胤祥已经成为人人称赞的大好青年。

在古代，说一个人是大好青年有什么标准呢？——文武双全。

据说，胤祥路遇猛虎色不变，利刃一闪血光现！

又说他，挥毫泼墨弹指间，满朝文武皆惊叹！

此时此刻，对于这个人见人夸的十三娃，玄烨也是青睐有加，走到哪里都带着，生怕别人不知道他有个好儿子似的。

当时的胤祥绝对风光，就连才华横溢的八阿哥都嫉妒他前途无量。

但天有不测风云，胤祥突然受到废太子事件牵扯，在皇阿玛心中的地位开始大幅滑坡，接下来的很长一段时间，他只能在小黑屋里度过。

那里只有数不尽的空虚与寂寞。

有人说，他是替四哥背了锅。

尽管前途尽毁，但胤祥无怨无悔，因为四哥永远是他心里的一抹光辉。

在小黑屋的日子里，胤祥首先考虑的不是自己，而是四哥身边的重重危机。

无论狂风还是骤雨，胤祥始终都要与四哥站在一起，即便当时四哥看上去并无希望成为皇帝。

在绝对的诱惑面前，其他阿哥眼里只有利益，而胤祥眼中闪烁的是兄弟情义。

十年禁闭，胤祥一人默默扛起。

做兄弟，你若真心以对，我必倾情回馈。

都说胤禛刻薄无情，但更似爱憎分明。若胤禛遇到真心对他好的人啊，这位冷血帝王也会化作四月里的和煦春风。

这不，胤禛前脚刚一登基，后脚就立马放胤祥"出狱"，随即将超级暖男模式开启，强行恩宠自己的幼弟。

他不顾朝中大臣磨磨唧唧，将胤祥连升数级，加"和硕怡亲王"荣誉，并世袭罔替。

大清开国，非功勋卓绝而封铁帽子王者，唯胤祥一人也。地位尊崇无比。

然而，胤禛眼睛一眯，觉得自己还不够大气，又要给胤祥的儿子加持一个郡王荣誉，同样世袭罔替，胤祥固拒。

其实，十年的圈禁经历，早已让胤祥学会了保护自己。即便如今四哥登基为帝，他也不想再踏入这片是非之地。

可是，当胤禛明确表示，"朕就要你做朕的十三太保"时，胤祥还是毫不犹豫地违背了自己的心志。

正所谓，士为知己者死！

胤祥再次抽出了寒刀，恢复了10年圈禁被磨平的棱角，他要为四哥荡平宵小，哪怕是拼了命，也要啄瞎敌人的眼睛！

胤祥接到的第一个紧急任务，是帮胤禛清算户部。户部是国家的金融仓库，有多重要不必赘述，但此时已被玄烨搞得一塌糊涂。

怎么才能让户部重新走上正确的道路？胤祥决定将垃圾分类处理：

——如果你贪如饕餮，罪大恶极，那么对不起，抄家这事，没有余地！

——如果你犯罪情节较轻，能够补上贪污的窟窿，那么只要把钱还清，就不影响你的晋升。

不过，这里还有个比较棘手的问题——对于那些爪子痒痒的皇亲国戚，该怎么处理？

胤祥以人民的名义，坚决主持正义，就算是实在亲戚，也绝不姑息，一就是一！哪怕是他的十二哥胤祹，因为掏了国家的腰包，也同样重罚难逃。

得益于胤祥的智慧与手腕，国家财政迅速好转。胤禛的军功章里，起码也有胤祥的一半。

胤祥虽然建立了巨大功绩，但他一直低调谦虚，在四哥面前更是严格约束自己。

他自幼深谙帝王之术，早知伴君如同伴虎，他绝不会让自己走上年羹尧、隆科多的老路。

胤禛一看十三弟办事这么给力，塞起活来也是毫不客气。

据不完全统计，胤禛几乎将家族中所有重要职务都交到了胤祥手里。

比如：总理事务大臣（总务），后议政大臣（行政），内务府皇帝日常起居造办处（财务），军机处首席（军权），总理水利营田（基建）。

话说摊上个工作狂哥哥，胤祥也是倒大霉了，经常被迫加班到深夜，硬生生把自己累到吐血。

不过话又说回来了，十三爷你作为一个至高差一点无上的亲王，不好好享受一下生活的滋润，弥补一下被圈禁的青春，你如此拼命这是做什么？

你有考虑过，你们家各位职员的生存状况吗，你一个人把他们的活都干了，你有考虑过他们的就业情况吗？废队友实锤了！

拥有这么一个毫不利己，专门利哥的幼弟，胤禛心中的喜爱展露无遗，经常霸道强硬地送东西。虽然胤祥一直婉拒，但胤禛依旧乐此不疲。

这还只是一个小插曲，胤禛对十三弟的表扬也达到了前无古人的境地，没事就写个上千字的抒情散文猛拍彩虹屁，什么"完美男神""惊为天人""天下风气"……哎呀我去，肉麻得简直发腻！

据说，后来乾隆都嫉妒了，强行删除了许多他爹对十三叔的溢美评语。

却说胤祥如此刻薄地对待自己，终于使身体积劳成疾。胤禛向苍天寄语，愿十三弟逢凶化吉。

但胤祥并不休息，依然为大清马不停蹄，他要为四哥燃烧自己，他要为大清死而后已！

胤祥拖着带病的身体，再一次离京而去，四哥的事，国家的事，在他心里永远排第一！

胤禛真心牵挂着十三弟，二人之间的书信往来比情人之间还要频急。而且画风往往是这样的——

胤祥："四哥，我胖了。"

胤禛："胖人能镇宅，不富也聚财！"

胤祥："我怕太胖了，辣四哥的眼睛……"

胤禛："放开心量尽管胖，十三弟你开心就好！"

或许是担心十三弟废寝忘食伤害身体，胤禛特地下了道圣旨——命皇家特级厨师为胤祥安排精美饭食，十三弟你放开了吃！

用今天的话说就是：排骨肥牛肘花，贾玲同款烤鸭，十三弟你可劲造吧！你胖没事我瞎！

正所谓皇命难违，四哥的好意胤祥更不舍得违背。既然四哥想让我做个吃货，那很 OK！于是胤祥就非常开心地奉旨增肥去了……

胤祥一边愉快地做着吃货，一边还不忘向四哥做实况转播——

胤祥："四哥我胖了，但马尔泰更夸张，有实力累死马！"

胤禛："哈哈，那就赏他两匹马，你可看好了啊，要是他没那么夸张，马可不能给他！"

天啊！这还是那个传说中冷若寒霜的雍正吗？很友爱的好不好。

可以这样说，在十三弟面前，胤禛从不讲究所谓的君王体面，可咸可甜，可闹可玩，抛开江山不谈，你我骨肉相连。

甚至有时，四爷会害怕幼弟闹情绪，以至于自己还得向文武百官解释："怡王色变……朕不得已就范"，这还是我们杀伐果断的四爷吗？

借陆游先生的《钗头凤》煽个情吧：

春如旧，人空瘦，泪痕红浥鲛绡透。桃花落，闲池阁。山盟虽在，锦书难托。莫，莫，莫！

纵然胤禛对十三弟有万般不舍，纵然胤禛皇权在握，依然无法阻止天人永隔。

可即便生命垂危，为了不让四哥心碎，胤祥还在骗胤禛说，他"大好了"……

胤祥的葬礼上，胤禛泣断肝肠，任鲜血在嘴角流淌，那方血帕后来成了胤祥的陪葬——兄弟，我一直在你身旁！

没有了十三弟的辅助，胤禛深切体会着身在高处的孤独，他贴身收藏着胤祥生前钟爱的鼻烟壶，思人——睹物。

胤禛将胤祥的女儿接到宫中呵护，封和硕和惠公主，视如己出。

胤禛将十三弟的名字改回胤祥——你是我的拼命十三郎，名讳可以不避君王！

胤禛感觉大限将至，特意对天下告知：

"治理江山难免误伤，后世有什么骂名算我头上！别跟我十三弟秋后算账！我十三弟只是一心辅佐君王，他应该百世流芳！"

说这些话的刹那，胤禛眼前又出现了当年那个小胖娃娃，他轻轻叫了声四哥，泪如雨下。

胤禛一生，以城府深著称，猜忌心重，极少信任别人。

唯独对和硕怡亲王胤祥，非比寻常。

如果说，城府深的人更能勘破人心，

那么胤禛大概是看到了胤祥的赤子之心。

——若有危险我替你遮灾挡难！

——再大的困难我与你一起承担！

他们说，这才叫兄弟。

别黑了！别黑了！朕把自己累死行吗

胤禛虽然很苛刻，但正因为他对自己和别人要求都非常严格，所以一不小心成了个古往今来难得的皇帝劳模。

很多皇帝，如果政务繁多，都是这个样子的——魏公公、大舅子，你们过来帮朕一下子呗……结果一不小心就变成皇权旁落。

但胤禛不一样，胤禛见奏折就像打了鸡血。

据统计，胤禛在位13年，奏折批语字数高达几千万，平均日批量达八千。

这是什么概念？反正一个正经的创作型写手，要废寝忘食不谈恋爱才能写得完。

而且，作为一个耿直男，胤禛批阅奏折从不敷衍，哪怕下属废话连篇，他也特别耐心地给予赠言。比如：

杭州织造孙文成上折子：皇上您好吗？

胤禛回复：朕很好。

杭州织造孙文成又上折子：皇上您好吗？

胤禛再次回复：朕很好。

杭州织造孙文成再上折子：皇上您好吗？

胤禛继续回复：朕真的很好（我想静静）……

胤禛估计已经很无语了！不过，还没完……

杭州织造孙文成又又又上折子：皇上您好吗？

胤禛又又又回复：朕很好，好像最近有点肥了……

胤禛心里大概有一万个神经病呼啸而过……

杭州织造孙文成上折子：皇上，这是天气和粮食价格报告，请您过目。

胤禛：朕很好！

好吧，都把皇上给整成惯性回复了！

福建水师提督王郡：禀告皇上！台湾府有个妇女拾金不昧！

胤禛：朕知道了！（这点破事也值得上一道奏折啊？）

可怜胤禛堂堂一个皇帝，活得像某宝客服一样苦兮兮……

这仍不算完，不要以为当皇帝就是批批奏折这么简单，为了治理好江山，胤禛还要将军事、民生、经济问题一肩担，每天不停地接见各部门官员。

注意！胤禛做这些，不是一天两天三天四五六七天，而是一干干了整整 13 年，13 年勤政从不间断，几乎没有过正常的娱乐和睡眠！

最终，由于工作任务太繁重，胤禛的身体被掏空，当皇帝还没来得及扩充后宫，就突然驾了崩。

据说，胤禛在生命的最后时刻，仍然在不要命地工作。

其实当皇帝，也和当艺人一样，是个高危职业。

然而，虽然胤禛牺牲了自己的快乐人生，换来了大清的繁荣强盛，却始终得不到人们的认同。

他一心要江山图治垂青史，却难挡身后骂名滚滚来。胤禛生前表示："我不管你们怎么把我骂得狗血淋头，朕'俯仰无愧天地，褒贬自有春秋。'"

可是，谁知这份傲娇的背后又隐忍了多少不甘和辛酸？

笔者觉得，那个"康乾盛世"，是不是应该改成"康雍乾"呢？毕竟没有胤禛，大清何时亡国还真说不准！

毕竟，玄烨虽然创建了不朽的业绩，荣升千古一帝，但其执政后期，管理乏力，养了满朝贪官污吏，民乱已起，国库更是穷到只剩八百万白银的凄惨境地。

自打胤禛接掌了朝廷的队伍，大刀阔斧，一顿操作猛如虎，他不以凶残的休克疗法为苦——下重手治贪污，到了冷血无情的地步——把人砍了不算完，钱也弄他个倾家荡产，江宁曹家继续了解一下……

胤禛的手段虽然暴力，但迅速解决了他爹造成的历史遗留问题，打破了大兴必衰的结局。

如果说是胤禛挽救了玄烨的荣誉，奠定了弘历的政绩，一肩承担三个王朝的兴衰更替，笔者觉得，胤禛接受起来一点也不虚！

不过也正因如此，胤禛承受了前所未有的委屈。

胤禛登基以后，以雷霆手段、铁血手腕进行朝政改革——火耗归公，摊丁入亩，改土归流，当差纳粮，废黜贱籍……这些举措挽救了国家，造福了百姓，却严重伤害了官僚和地主阶级利益。而笔杆子，恰恰掌握在这些人手里，胤禛就这样被攻击得体无完肤。而他为自己申诉的《大义觉迷录》，还没来得及向世人诉诉自己的苦，就被他儿子定为禁书。

至于胤禛篡位改诏之说，大家查一下繁体字"于"字是怎么写的，就心下了然了。

公元1735年，雍正十三年，8月23日子时，胤禛突然驾崩于圆明园。

关于他的死因，历来众说纷纭，有人说他滥服丹药过度，有人说他被吕四娘刺杀，还有人竟然说他是被甄嬛气死的！但笔者更倾向于另一种说法，胤禛这个工作狂，是被家事、国事、天下事，活活累死的。

当然，胤禛到底是怎么死的，只能交给时间去考证了。

胤禛崩后，根据他独创的秘密立储法，由皇四子宝亲王弘历继位，年号乾隆。

第六章

弘历往事：饥饿的爱情与饥饿的盛世

雍正五年（公元1727年），"超级女朋友大型选秀活动"进行得热火朝天。富察站在人群中，万绿丛中一点红，春风拂槛露华浓。一眼就被四爷相中。

于是老四爷对小四爷说："宝啊，你看这闺女长得，像样不？"

弘历："老像样了！她叫啥？家住哪？芳龄几许啊？"

……

生死相别 51 年，弘历与富察的隔世绝恋

他，是清宫剧里当仁不让的男一，从"江南风流记"，到"红花兄弟"，从"大明湖畔私生女"，再到"卫龙夫妻"，强行霸占了六七八九〇〇后的青涩回忆。

没错，他就是集附庸风雅、好大喜功、刻薄无情、农家乐审美、暴发户品位于一身的弹幕始祖、盖章狂魔、大清诗王——爱新觉罗·弘历，喜欢清宫剧的小伙伴们都亲切地称之为"大猪蹄子"！

你看他，前一秒还和富察皇后爱得你死我活……

弘历："你是我的傻傻可爱，也是我的满目山河！"

富察："讨厌！"

下一秒就跟如懿小主来一番爱恨纠葛……

如懿："青丝为君断，爱恨两重天……"

弘历："朕这么多女人，就你事儿最多！"

然后，换个频道的工夫，又与魏璎珞"你是我的小呀小苹果"……

弘历："朕就是喜欢你这样的坏女人！"

魏璎珞："皇上请自重！"

这还不算，还有大明湖畔夏雨荷、烟花女子水玲珑、盐帮帮主程淮秀、江南绣女金无箴……

弘历："笔者等一下，你能不能告诉我，这些小姐姐是谁啊？"

——好吧，历史上根本没有这些小姐姐，她们只是一个传说……

说实话，弘历虽然制造了令人发指的情感问题，但其实也是个痴情帝，毕竟人家谥号称清"纯皇帝"。（注：乾隆谥号全称为"法天隆运至诚先觉体元立极敷文奋武钦明孝慈神圣纯皇帝"）

有一说一，看似薄情的弘历心中也有一块柔软地，那是别人无法触及的情感禁区，那里只属于他的爱妻——富察美女。

那么就让我们翻开史卷，追寻弘历的爱情穿越百年，让时光倒流回雍正年间。

雍正五年（公元 1727 年），"超级女朋友大型选秀活动"进行得火火风风。富察站在人群中，万绿丛中一点红，春风拂槛露华浓。一眼就被四爷相中。

于是老四爷对年方 16 岁的小四爷说："宝啊，你看这闺女长得，像样不？"

弘历："老像样了！她叫啥？家住哪？芳龄几许啊？"

就这样地，富察勇夺选秀第一，被册封为宝亲王弘历嫡妻。从此起，富察便化作白月光一缕，深深扎进弘历的心底。

富察与弘历，一生都是蜜月期。两个人，"一日不见如三月"，"山亭水榭间，并辇同舟所"……分分钟都要腻歪在一起，很是让人无语。

25 岁那年，弘历按照老爹设计好的轨迹，四平八稳地当了皇帝，没有劲敌，没人夺嫡，没有佞臣妄图架空权力，一点也不刺激。

当了皇帝，自然有权蓄养三千佳丽，弘历这个人，你懂的……

但弘历虽然"为了国祚"，日理万"姬"，却依然是百花丛中过，我的眼里只有你。

我们都知道，弘历虽然不是个风雅人，但他有着附庸风雅的灵魂，于是给自己整了个雅号——"长春居士"，顺便给老婆的房子起了个雅名——长春宫。

这个寓意非常可以——我要和老婆永远在一起！

富察皇后生性雅致，不喜奢侈，但偏爱舌尖上的美食，尤其喜欢闽南荔枝。

为了使老婆能够吃上新鲜荔枝，弘历费尽心思，待荔枝树开花结果之时，将其移植，经水路运回京师，那船到之日，正是荔枝成熟时。

这恩爱秀的，着实让单身的兄弟姐妹们很痛苦。

弘历将自己的深情无限输出，爱屋及乌，辐射到整个富察家族。据

《清宫词》所述："列戟通侯十四人，外家恩泽古无伦。"

说到这里，就不得不提提富察皇后的弟弟，富察·傅恒大学士。

此君不足三十，便可与皇帝公议军机重事。看上去很有才的样子，实际上也不完全是。

弘历曾公开表示："我提拔我小舅子，就是看皇后的面子，谁不服也不好使，因为我是天子！"

而且，弘历还很照顾他儿子。

傅恒的儿子福康安，是唯一一位宗室之外获封的贝子，连嘉庆都对他嫉妒得要死，有点意思。

对"别人家孩子"尚且如此，对他们自己的孩子更是可想而知。

婚后三年，富察皇后便诞下二人的第一个皇子，弘历为其取名"永琏"。

"琏"代表着宗庙祭祀，寓意这孩子将来要坐家族掌门人的位置，在弘历心里，江山只属于他和皇后的孩子。

只是，皇后诞下的两个皇子，都幼年早逝。

唯一活下来的固伦和敬公主，本该远嫁蒙古，但弘历舍不得爱女受苦，于是在京城盖了一座超豪华的公主府，强行让蒙古王公做了公主的倒插门丈夫。

然而，接连两次痛失爱子，将富察皇后的身心折磨得不成样子，在第一次陪丈夫东巡之时，她，芳魂早逝……

插个曲：

"白月光，照天涯的两端，在心上，却不在身旁……"

"白月光，照天涯的两端，越圆满，越觉得孤单……"

"擦不干，回忆里的泪光，路太长，怎么补偿……"

自此，济南成了弘历心中永远的难以言说的伤，他生平再也没有踏足济南，所以大明湖畔湖荷厅里的巧笑嫣然，只是小说家之言。

皇后殒命，令弘历的心一下子从"甜得发腻"变成"暴风骤雨"，他开始越来越任性，越来越薄情，越来越神经。

他化身刻薄暴虐"乾超疯"。

因为在为富察皇后送别的日子中，永璜、永璋两位皇子没有表现出弘历期望的那种悲痛，弘历当众决定——"此二人断不可承续大统"！顺便将两个孩子的老师、伴读全部重罚示众。

暴虐还在继续……

大清各省封疆大吏，谁若表现得不够诚意，没有请求回京参加皇后葬礼，一律行政降级，或是销去过往功绩。

大臣们嘴上说着皇上没毛病，估计心里都在大骂神经病。

满族有旧习，帝后丧礼，官员百天之内发不能剃。但因为没有形成明确法律，所以很多人并不在意。比如胤禛去世之际，管制得就不严厉。

但到了富察皇后这里，理发就犯了弘历的大忌，那些形象派官员一时马虎大意，弘历就要剃他们的首级。

他变成郎心如铁"乾无情"。

有一说一，如果是杨过那样的痴情帝，假若至爱不幸故去，他必然守身如玉。

但弘历不可以，因为他是皇帝，而且他也没有杨过的定力。

他仍旧一个接一个地娶，然后一个接一个地弃若敝屣。

他说："九御咸备位，对之吁若空。"

——就算美女都被我娶回家里，嫔妃备齐，可她们在我眼里，也与空气无异。

转眼过了三年缅怀期，弘历被祖宗制度所逼，只得再立辉发那拉氏为正妻（如懿）。

然后，他做出了个恶心人之举——他跑到长春宫富察皇后故居，一再解释自己并不喜欢新嫡妻，完全是逼不得已，希望富察不要怪自己。

然后又写诗留证据："岂必新琴终不及，究输旧剑久相投。"

——都说新人胜旧人，可她在我心里始终不及你半分！

一个人如果心中对你有了芥蒂，你纵然费尽心力，也难以讨得他的欢喜。辉发那拉氏在成为皇后的日子里，被弘历处处拿来跟富察比，看她处处都不如意。

一回陪弘历南巡去，据说因为弘历经常约谈失足妇女，辉发那拉氏一怒之下要出家为尼，被龙颜大怒的弘历关了禁闭，从此在冷宫中长居。

至于魏姐令妃娘娘，或许因为曾是富察皇后的侍女，总体来说，过得还算可以。

但是——皇后位置就空在那里，就不给你！

众所周知，弘历酷爱写诗。富察死后，他更是寄相思于才思，疯狂写诗，至于这个才思……

据说弘历写过一首《咏墙诗》：远看城墙齿锯锯，近看城墙锯锯齿。若把城墙倒过来，上边不锯下面锯。

咱也不太懂诗，咱也不作评价，不过笔者知道，弘历的诗有一点非常值得称赞——他一生写诗 4 万多首，没有一首是需要我们背的！

但是，虽然大家都说弘历的诗差那么一点"诗"意，其中却也有 100 多首令人读之心凄。它们毫无例外地，都写给了自己的爱妻。

富察皇后去世后，每一次不堪回首，弘历都会作诗一首，表达自己的无限相思之愁。

譬如：

"一天日色含愁白，三月山花作恶红。"

——你走了，连阳光都黯淡下来，花红之色就像我的心在滴血。

"廿载同心成逝水，两眶血泪洒东风。"

——二十年夫妻同心忽如流水消逝，我的双眼啊哭出血泪，任凭东风将它吹干。

"似彼何妨别，如予岂重逢？拟向天孙问，白云千万重。"

——都说牛郎织女伤别离，可至少每年七夕还能在一起，而我却与你天人永隔，悲伤逆流成河。我将对你的思念向着天地诉说，回答我的只有白云飘过。

弘历 45 度角仰望星空，泪水顺着眼角流淌……

弘历每每心情烦闷，都会来到长春宫富察故居一诉愁心："我是谊愁来此地，翻教即景惹忧忡。"

——我本是来向你诉苦的，却每一次都会触景生情，五内俱痛。

74 岁时，弘历得了玄孙，也要告诉富察："昔日漫教思老伴，开年且喜得玄孙。"

80 岁那年，弘历来到富察陵前，他说："平生难尽述，百岁妄希延。夏日冬之夜，远期只廿年。"

——你我阴阳远隔，多年的相思与苦楚我无法对你倾情诉说。别人都说天子能活百岁，多好啊，再有二十年我就能与你相见了。

他，嫌自己活得太久了……

最后一次来到爱妻陵前，弘历 86 岁，他望着陵前高耸入云的松柏，心中涌起无限余哀："吉地临旋跸，种松茂入云。暮春中浣忆，四十八年分。"

他和她已经整整分别 48 年了……第 51 年，他们终于得以相见……

世人爱称我"如懿"，有谁知道我悲戚

弘历的第二位皇后辉发那拉氏到底是何芳名，时至今日恐怕已无人能够说清。

在清宫，女人对外只宣姓，不提名，她们在史书上的标签，只是家族、丈夫和儿子的附庸，即便拥有国母之荣，也一样默默无名。

所以，你可以叫她淑慎，也可以叫她如懿，全凭你的个人喜好。

一番思量，在这里，我们还是叫她"如懿"吧，不为别的，只因"如懿"寓意着美好。

如懿的姓氏很高贵，那拉氏是海西女真的古老王族，分为叶赫、哈达、乌拉、辉发四部。海西女真在被努尔哈赤兼并以后，四大家族的女孩就成了爱新觉罗家的官配。

这个姓氏的最大特点就是盛产皇后，大清十二帝，那拉氏就出了五位正宫嫡妻，至于妃嫔贵人，恐怕已经数不清了。

因为人美出身正，如懿在雍正十二年（公元 1734 年）的"超级女朋友大型选秀活动"中，又被老四爷一眼相中："宝啊，你看这闺女长得，像样不？"

那一年，如懿才 16 岁。

侧福晋的地位仅次于嫡福晋，那时候，富察之下，如懿老大。用官场的话说，这叫储备干部，换而言之，万一哪天富察不幸早逝了，如懿极有可能顶上职位空缺。

当然，也不是所有侧福晋都有这种特别待遇，清宫里，如果你的出身太低，即使你得到的恩宠无人能比，你也永远做不了皇帝正妻。

比如后来居上的高贵妃，虽然也被破格提拔为侧福晋，并抢先如懿一步册封皇贵妃，但她是汉人包衣出身，只这一条限制，即便红颜不早逝，她的升职之路也就到此为止。具体可以参考当年的董鄂妃和年贵妃。

弘历登基以后，如懿被册封为娴妃，她在这个位置上风轻云淡地度过了 10 年，直到富察离世，她被众人顺理成章地推上了继后的位置。这个过程波澜不惊。

这好像和大家所知道的如懿有些不一样。

是的，的确不一样。在电视剧中，如懿代替富察成了弘历的最爱，并在古往今来、古今中外最大的女生宿舍——后宫中，经历了各种背锅事件，弘历的小媳妇们不管谁死了孩子，都要赖上她，那些年背的锅都够开个锅具店了，最后还在冷宫中绝望地拔刀自刎。

历史上，如懿失宠以前四平八稳，弘历对她的感情也没有那么多纠结，总体来说，既不特别喜欢，也不特别厌烦。

弘历有很深的门户观念，鉴于如懿根红苗正的出身，他对她多少还是有些尊重的。如懿高龄产下皇嫡子永璂时，在外玩耍的弘历立马赶回宫中，还发挥自己的特长写诗纪念，拉着一众大臣和自己同喜同贺，这是魏姐令妃生永琰时不敢奢望的。

如果剧情就这样发展下去，大清会少一幕惨剧，更换一位皇帝。但我们不知道究竟发生了什么，这一切在某一天变得地覆天翻。

乾隆三十年（公元 1765 年），弘历偕皇后那拉氏第四次南巡。

2 月 10 日，这一天是如懿的生日，两人高高兴兴地举办了庆生仪式，8 天后，如懿突然在公众面前消失……

皇后失联！她究竟发生了什么，她到底去哪了？真相只有一个！

原来，她被弘历秘密遣送回了京城。

弘历回京以后，两个人发生了激烈的争执，如懿心灰意冷之下剪断了自己的秀发。

表明心志的方式有很多种，但她选择了弘历最不能忍的一种。

断发，也许对如懿来说，只是断情断爱，她想告诉弘历，这段感情已经彻底结束，自己如今心如死灰。

但断发却还有另一层含义：在萨满教，断发为祭，女人要剪发，只能等丈夫离世。所以如懿这么做，对弘历来说，无异于咒他早死。

更何况，像弘历这种自诩风流的男人，他伤害再多的女人都不会心存愧疚，可如果换成他被女人抛弃，这怎么可以接受呢？

于是，往日的情分在一夕之间化为乌有，他对她的残忍让人不忍直视。

她空挂皇后之名，幽居于冷宫之中，无人问津；

她的侍应被削减到只剩两名宫女，堂堂皇后寒酸到连个常在都不如；

她的所有画像，全被下令烧毁，好像这个人从未在清宫中出现一般；

她郁郁而终，他将她随便塞入苏贵妃墓中，堂堂皇后给贵妃做了陪葬，既无神牌，也无祭享。

就连他们共同的儿子，他曾经重点培养的嫡子永璂，也一并遭了殃。

永璂在父亲的厌弃和排斥中，仅仅活了 24 岁，堂堂皇嫡子，至死也无封爵，后来还是嘉庆实在看不过去了，给哥哥追封了一个贝勒。

到底什么仇什么怨，令弘历一手制造出如此残酷冷血的场面？

这个谜底，弘历一直未说，只留下"性忽改常、迹类疯迷"八个字供后人猜测。

看一季"卫龙夫妻"，令妃娘娘挥泪如雨

人们很喜欢拿后来居上的令妃和如懿做对比，一个成了励志神话，一个成了别人的笑话。

随着一些影视剧的热播，很多人误以为，令妃是大清乾隆朝的第三任国母。这个误会有点大。

事实上，魏姐虽然挺讨弘历欢心，但由于种种原因，始终未能跨过成为皇后那道门。至于那个孝仪纯皇后的身份，其实只是嘉庆对于亡母的一片孝心。

真实的令妃，应该是个聪明乖巧的女子，最大的优点是逆来顺受和会伺候人，倘若真像魏璎珞那样谁都不惧，神挡杀神，佛挡杀佛，恐怕过不了三集就领盒饭了。

令妃其人，历史上关于她的记载少得可怜，记述的无非她是魏清泰的女儿、弘历的妃子、某年被升职、某年再次被升职，死于某年某月，而你看到的、如今网络上各种铺天盖地的君王宠溺，从《清史稿》到《清实录》到《起居注》到清朝小说到外国传教士，均未提及。

令妃在正史中的存在感很低，低到她的容貌、思想、才华、性情、品德，几乎被正史略而不记，即便是在《啸亭杂录》《郎潜纪闻》等稗史传说中，坊间人士也懒得对这位令妃娘娘做一星半点的形象刻画。我们只能从官修实录以及各种会典记录中，勾勒出她的大致生平。

令妃魏佳氏，本为魏氏，汉族人，清朝内务府膳食部大领班魏清泰之女，满洲正黄旗包衣，通过内务府选秀入宫，因为长得好看脱颖而出，成了弘历的贵人。

魏贵人入宫 10 余年，职位一再升迁，把皇帝服侍得非常舒坦，但娘家

仍是负资产，欠债 800 两无力偿还，上了亲友同事的老赖名单，却始终没有得到弘历同志的同情与支援，直到后来令妃玉燕投怀，家里得到赏钱，情况才有所好转。

令妃的待遇经常被同级甚至低位嫔妃碾压：做嫔时，身边使唤的宫女比舒嫔少一个；当妃时，娘家的赏赐比怡妃少一半；册封皇贵妃时没有任何命妇行礼，体面不如一般贵妃；虽然顶着皇贵妃的光环，却没有摄六宫事的大权，并且历来由后宫老大主持的亲蚕礼，也被舒妃取而代之。

令妃的两个女儿和静与和恪，是清朝唯二给父皇低位小妾穿孝的公主，和静的待遇总是比别人差一点，她和富察的女儿和敬、惇妃的女儿和孝，同样顶着固伦公主的头衔，年薪和嫁妆却被二人甩出很远。

令妃生下的皇十四子与皇十六子，身体都不好，幼年早夭，他们的爸爸并没有表现出多少悲痛，没有丧礼、没有追封，逢年过节也不会有任何官员去祭奉。而富察的儿子永琏，即使早夭，依然享有皇太子的尊荣与供奉。

乾隆二十五年（公元 1760 年），令妃于圆明园天地一家春生下后来的嘉庆帝永琰，这个时候，弘历同志仍然在热河木兰围场游玩，他"喜"得贵子但玩兴不减，直到十几天后才御驾回銮。

令妃所生的皇十七子永璘，是弘历最小的儿子，但和别人家幺儿不同的是，他一直被父亲"深恶之"，以至于直到父亲去世，他也不过是个贝勒衔。这个皇子可怜兮兮地表示：皇位就算像雨点那么多也轮不到我，我要是能住上和珅那样的房子就知足了！

乾隆三十年（公元 1765 年），如懿断发后，皇后的位置空了好多年，但是令妃——你还是好好干你的皇贵妃吧，不要想太多了！——在弘历眼里，魏佳氏这样的家世，根本配不上皇后这个位置。

令妃临死前三天，她的娘家才被抬旗，终于不再是仰人鼻息的"包衣"。

令妃死的当天早上，弘历还在畅春园，死的第二天，弘历又去了畅春园。

自负诗才的弘历给令妃写的缅怀诗也很敷衍——强收悲泪为欢喜，仰体慈帏度念谆。为娱圣母情，宜割贤妃绻——他说自己之所以看不出伤心，是为了让太后心中欢喜。

崇庆皇太后曰：这锅老娘不背！

令妃死后，弘历只为她祭酒三次，令妃百日大祭，弘历只派去了她的两个儿子，而一周年祭、两周年祭，弘历表示：朕不出席。

令妃被葬在了地宫！为什么是地宫？弘历解释说：昔年参近御之班，曾资悔迪；此日侍升仙之驾，如奉生存！

什么意思呢？——你令妃是富察皇后一手教导出来的，死后理应服侍皇后，所以你只能做富察皇后身边的附葬，永远都是她的奴婢。

乾隆六十年（公元 1795 年），死去 20 年的令妃在儿子继位前夕被弘历追封为皇后，但是，她并没有得到颁诏天下、祭天地的礼遇，只在追封大典上得到了一个尴尬的上谕：

孝仪皇后神牌。升祔奉先殿。前期告祭天、地、太庙一事。亦未免失当。孝仪皇后乃朕因系嗣皇帝生母。恩旨册赠。止应于奉先殿祭告。若因此而举行天地庙祀大典。转邻于渎。已著不必举行。

在弘历心中，她始终是没资格获得皇后殊荣的，祭告天地、太庙是亵渎了苍天与祖宗，实在是因为她是大清新皇帝的亲妈，追封她为皇后也是没办法了。

我们再来看看她的老同事们是何种待遇：

乾隆十七年（公元 1752 年），已故孝贤纯皇后、慧贤皇贵妃和哲悯皇贵妃灵柩葬入裕陵妃园寝，弘历带着当时的皇后如懿、嘉贵妃金氏、怡嫔柏氏和颖嫔巴林氏等人前往清东陵，参与此三人的奉安典礼。

乾隆二十二年（公元 1757 年），怡嫔病逝，弘历辍朝两日，和硕亲王以下，内大臣公侯伯都统等官以上齐集；同年十一月初二葬入清东陵裕陵妃园寝。

如今看来，令妃所谓的"得宠"，更像是任劳任怨的侍奉，她像个机器一样一胎接一胎地生，如同一个兢兢业业的员工，奉献一生换来老板给予的一点殊荣。

弘历对她或许有宠，但并未有过真爱与尊重，就连她的儿子后来当上皇帝，貌似也是因为符合条件的皇子实在找不出来了。

她的一生，如果去掉儿子当了皇帝，其实也不是特别开挂，就是运气好，捡了便宜——如懿与弘历闹翻了。

纠正老爸不当之处，最需要的是心术！

弘历是个生逢盛世的太平皇帝，自皇太极开国到他这儿已经是第五代了。从历史经验来看，西汉东汉也好，两宋唐明也罢，这个阶段的皇帝大都是坐吃山空的主儿，即使不是败家子，也多半是窝囊废。弘历却打破了这个历史规律，他奢靡傲慢不假，治理天下也着实很有两下子。

话说弘历继位以后，首先对爷爷和爸爸的治国方针进行了认真反思：

爷爷玄烨以"宽"安邦，但因为宽过了头，致使吏治崩坏，贪风横行。

爸爸胤禛以"严"治国，但太严了！导致国内恐慌情绪蔓延，群臣战战兢兢，畏首畏尾。

弘历回顾种种前朝往事，低头深思当下时局，他想出了一个新的治国方法——"宽严相济，治国用中"。

什么是"用中"呢？就是在宽严之间找一个平衡点，以折中的方式治国，看上去有点和稀泥的意思。

弘历想要和稀泥，啊不，想要施行新政，咱们这边说起来容易，他那边做起来却非常困难。

之所以如此，是因为清朝的皇帝们都讲究"敬天法祖"，就是喜欢标榜自己的老爹是多么英敏神武，并表示自己会按照老爹的政策方针继续将国家发扬光大。胤禛是个例外，他儿子弘历也是个例外。

但是，弘历如果一上台就猛操作，将他老爹的政策全盘推翻，那不是大张旗鼓地打自己老爹的脸吗？大家一定会说这小子真不是个东西。

还有更重要的一条——弘历执政之初，威望甚低，他所使用的重臣都是他老爹留下来的心腹，而前朝种种弊事也多是这些人经办的，他们从中获得了巨大的政治利益，不少人就是靠坚定不移执行胤禛铁腕政策才青云直上的，他们难道会跟随新君一起推翻自己的过往功绩吗？

当然不会！

但纵然如此，即便面对着层层障碍和阻力，弘历依然抱持初心，逆风前行着。

这位从小凭借爷爷、爸爸宠爱，个人才干突出而君临天下的年轻皇帝，继承了爱新觉罗家族勇于进取、善于制胜的优秀传统。他下定决心推行自己的新政，但他也知道这要靠机智取胜。

他巧妙地把改变施政方针的想法推给了自己已经死去的老爹，反正死无对证。

他表示，先皇治下政治严苛，是因为部分官员过分解读了先皇的想法，先皇在遗诏中已经说了，他的初衷是想以宽严相济的方式整顿大家的工作风貌，带领大家把大清国建设得更加美好，但有些官员急于表现，瞎胡乱搞。

他把推行新政的理由往自己老爹身上一推，别人还能说什么呢？总不能去找先皇核实吧？或者他们抵触到底，弘历也可以送他们组团过去。

不过，弘历所讲述的"皇考遗训"，也不完全是他捏造出来强加给老爹的。

胤禛晚年，有感于自己的狠绝，也曾想过以宽治国，只是严政已然成风，贸然改弦易辙，恐怕会造成政治混乱，所以他准备在潜移默化中慢慢做出改变，但无奈寿限已到，只能留给后人来完成了。

在这样的情况下，弘历推出了自己的新政。

弘历虽然以"宽"为方针，但也不忘律之以严。他在新政刚实施不久，就发现有大臣开始懈怠工作，于是马上对这些人进行敲打，说你们不要以为我这个人宽厚，就消极怠工糊弄我，你们要是不体谅我的一片好心，我狠起来一点也不比我爹差！

也许他这是借故显示父亲严苛的正确性，表示自己对父道的至孝与敬意，但他毕竟明白：在纠正一种政治极端的时候，必须谨防另一种政治极端的产生，用今人的话说就是，要防止一种倾向掩盖另一种倾向。纠正父亲的严苛不算难，难的是要同时防止姑息养奸的隐患抬头，重蹈爷爷玄烨晚年的覆辙。

弘历一方面肯定爷爷以宽治国的正确性，认为这项方针使得国家太平、人民安居乐业，非常值得推崇；一方面表示父亲的严苛是出于形势需要，为纠正臣子的自我放纵，目的还是为了利国利民，从初衷而论，父亲与爷爷的治国方针并不矛盾。

最后，弘历很巧妙地回到了主题，正式宣布以宽治国，详细论证自己主"宽"是因时制宜，以柔克刚，与爸爸的政见相辅相成，并不冲突，要求总理事务大臣认真贯彻执行，并要求臣子不能因此放纵自己，否则必将严惩不贷。

为了能使新政得以顺利实行，弘历巧用移花接木之术，在不变之中应万变，促使臣子心悦诚服地转变了态度。

弘历再三强调自己是在继承祖、父之业。看起来，他是多么地孝顺，什么都按爸爸的政策办事，即便实行宽大措施，也是遵照父亲的遗命。无论其真假，仁义之心可鉴。这些都为他清除施政道路上的障碍奠定基础，使他的目的得以顺利实现。新政策名正言顺地被臣民所接受了。

弘历军威，代价是国与民的沉重负累

"十全老人"是弘历给自己起的别号，光看这个"雅号"，弘历一脸傲娇的模样已经跃然纸上。

这里需要解释一下，所谓"十全"并不是指十全十美，弘历虽然自大，但还不敢脸皮那么厚。

弘历老年，曾概括自己的戎马生涯为"十全武功"，分别指：

两次平定准噶尔之役；

平定大小和卓叛乱；

出征大小金川；

镇压林爽文农民起义；

两次抗击廓尔喀部战役；

缅甸之役；

安南之战。

这就是"十全老人"的由来。

在"十全武功"中，论功绩，平定准噶尔部排在第一位。

乾隆十年（公元1745年），准噶尔部首领噶尔丹策零因病离世，准噶尔内部为争夺汗位闹了起来，大臣达瓦齐在内讧中稳占上风，成了准噶尔的实际领导人。

达瓦齐这个人好大喜功、穷兵黩武、暴戾昏庸，大家都很厌恶他，部分部落首领与牧民于是纷纷投靠清朝。

弘历果断抓住时机，在乾隆二十年（公元1755年）出兵伊犁，达瓦齐被打得落荒而逃，躲到南疆乌什，妄图东山再起，结果被当地人民给绑了，强行送至清廷。

然而，隐患并没有完全消除，北疆还有四个大部族一直在蠢蠢欲动。

厄鲁特蒙古辉特部首领阿睦尔撒纳在辅助清军攻占伊犁后，广结党羽，想借此胁迫清廷封他为厄鲁特四部的老大。同年8月，阿睦尔撒纳因意图未能得逞，纵兵反清。

弘历暴怒，发兵镇压，阿睦尔撒纳的实力和清廷差太远了，也不知道他哪里来的谜之自信胆敢发动叛乱，结果在公元1756年、1757年两度被清军打得节节溃退，并且被一路追杀，阿睦尔撒纳九死一生，狼狈逃到哈萨克，接着又辗转病死他乡。

暴乱还在继续，乾隆二十三年（公元1758年），被清朝从准噶尔部囚房中解救出来的"大小和卓"忘恩负义，发动叛乱，弘历将他们一路追杀到今阿富汗东部的巴达克山。当地首领忌惮清朝实力，不敢收留大小和卓，按弘历要求杀死二人，并把尸首送给清朝以示诚意。从此天山从南至北纳入清朝版图。

乾隆十二年（公元1747年）起，弘历先后数次派兵大小金川，于乾隆四十一年（公元1776年）终于平定动乱。此后弘历在边疆地区废除了土司制度，改设州县制。至此，大清西南地区逐步走向了稳定与繁荣。

乾隆五十一年（公元1786年），天地会领袖林爽文揭竿而起，台湾岛上爆发了当地历史上最大规模的农民起义，号称兄弟有一百多万人。

你没猜错，这个天地会就是韦爵爷曾经加入的那个，其后身是江湖上更加大名鼎鼎的"洪门"。

起义的消息传来，弘历如坐针毡，忙令福康安与海兰察出兵镇压。清军从鹿港成功登陆，双方在八卦山进行决战。因为彼此硬实力根本不在一个档次，天地会大败，林爽文被擒杀。

几乎在弘历对付林爽文的同时，夜郎自大的廓尔喀人竟想趁乱侵吞西藏。弘历怒不可遏，分兵出战。

但不得不说，廓尔喀人的战斗力的确强悍，清军出师不利；廓尔喀人尝到了甜头，得陇而望蜀，对西藏的侵略更加肆无忌惮。这是老虎不发威，他拿你当病猫了，必须好好教训他！

乾隆下死命令，要求福康安必须打垮廓尔喀人，清军士气高昂，大败侵略者，捍卫了西藏领土。

战争结束后，清廷重新制定了西藏管理办法，设立驻藏大臣，确立通过"金瓶掣签"制度来选定达赖、班禅的接班人。这是弘历加强对西藏管辖权的重要标志，也是一项加强中央集权的重要措施。

所谓"文能提笔安天下，武能上马定乾坤"，弘历的文治武功的确使他有资格霸道张狂。

这位帝王的一生，戎马倥偬，轰轰烈烈，功勋卓著。所以，他在概括自己这一生时，才会骄傲地表示自己是"十全老人"，然而，骄傲归骄傲，事实的确就是这个样子。

但不得不说，弘历的"武功"也不全是正义或必要的，在清朝内部和对外的大小战争中，国家消耗了大量的人力、财力，属实是劳民伤财，杀敌一万，自损八千。

事实上，战争，从来都具有极大的破坏性，弘历的"武功"大部分靠的是大国积淀，他的"十全"，应该要感谢王朝在军事、经济上的巨大牺牲。

月盈则亏，人无完人，"十全老人"也有他的不足，这是可以理解的。但不幸的是，弘历的不足不仅伤害了他自己的王朝，甚至改变了中国历史的走向。那些故事更加让人唏嘘嗟叹。

中国无须外贸，把沿海地区给朕锁了！

弘历的一生，创造了不少历史之最，他一手打造的乾隆盛世更是将中国封建社会的经济文化推向了一个新的巅峰，所以他骄傲一点，是完全可以理解的。

但弘历也是最被人诟病的封建帝王之一，他在缔造辉煌的同时，也因为目空四海，故步自封，而将辉煌毁于一旦。

要说起来，闭关锁国政策的实施，应该是弘历同志执政一生的最大败笔，正是他一拍脑门做的这个决定，将大清国一步步拖进了无尽深渊。

要讨论闭关锁国的问题，我们还要从很多年前说起。

大清入关之初，为防止沿海民众通过海上途径帮助台湾郑家反清复明，福临同志下令：不准片帆入海，违者斩立决！

随之，大清的海禁越演越烈，福临强行将福建、广东、江苏、浙江、山东等省份沿海城市居民内迁，用一场人造的移民潮，把海禁政策推上了巅峰。

此后二十余年，清政府一直严格执行福临同志留下的政治决策，直到玄烨平定台湾以后，政策才有所松动。

玄烨拿下了台湾，解决了他父亲的政治顾虑，终于决定开放海禁，他在福建、广东、江苏、浙江设置四处海关，每个海关下辖数十个通商口岸，海外贸易疯狂发展起来。

海禁的开放，直接盘活了清朝的经济，GDP 由此直线上升，被连年干仗耗尽财政的大清国终于有钱了！

这段时期，国内的商业、手工业也迎来了蓬勃发展，老百姓用自己手中的"中国制造"与外国人做交易，从外国人手里赚了不少银子，中西方海上贸易进入了封建社会的巅峰时代。老百姓拍手叫好，齐夸玄烨的英明领导。

可惜的是，红红火火的海上贸易却在康熙晚年再次被叫停，因为执政者们发现，海外贸易虽然充实了全民腰包，同时也带坏了全民大脑，很多人吃着国家政策的利好，却跑到国外做贡献去了。

清王朝的忧患意识再次被点燃。玄烨和他的老伙计们担心，民众的思维被西方同化，将不利于自己的统治，同时也担心海外贸易会滋生大量海盗，造成民乱。于是，玄烨一纸令下，新的海禁政策颁布了，曾经如火如茶的海外贸易，就此偃旗息鼓。

在海禁政策抽风一般时紧时松的大环境下，大清进入了雍正时代。可怜的胤禛刚一继承大统，屁股还没把龙椅焐热呢，就发现他爸爸晚年实施的海禁，简直是给他挖了一个大坑！

为什么这样说呢？因为在玄烨执政长达 60 年的时间里，国家政治稳定，百姓生活太平，全民生活质量大幅提升，小伙子们只要人品好基本都能娶上媳妇，大家也愿意多生两胎，于是人口急剧膨胀。

但是，国家的土地就那么多，而且大多数掌握在官僚集团和地主老财手里，这就造成了供需不平衡，尤其是沿海土地贫瘠地区，闲置了大量劳动力。

不仅如此，玄烨晚期的官场腐败，还给国家造成了严重的财政危机，从国库到府库，再到县库，没有不亏空的。

漏屋偏逢连夜雨，破船又遇打头风，就在大清政府没钱，沿海百姓失业之际，福建地区又闹起了春荒，沿海百姓饿得实在没办法，撸胳膊挽袖子就干起了强盗。

眼看即将千里饿殍、民乱四起，福建、浙江的地方首长们坐不住了，纷纷上书，请皇帝开恩，开放海禁。

看着下属们声泪俱下的折子，胤禛意识到，倘若这个时候还不破除老规矩，打开新局面，大清恐怕就要自己把自己玩坏了。为了让每况愈下的王朝重新振作，胤禛以极大的魄力，顶着巨大的压力，再次开放海禁。

海禁开放以后，沿海地区百姓没钱没粮没工作的状况迅速得到缓解，内地经济受"蝴蝶效应"带动，也跟着高速发展起来。

胤禛负重前行，一步一步爬出了爸爸给他挖下的大坑。

然而，好景不长，胤禛执政 13 年，便谜一样地撒手人寰。弘历即位之初，还能对海外贸易保持开放态度，但等到四海升平以后，他就开始瞎作了。

乾隆二十二年（公元 1757 年），弘历南巡到苏州地区，看到洋人的商船在河面上往来穿梭、络绎不绝，便担心外国人借机搞殖民活动，于是一道圣旨从京城传到沿海各省，下令除广州一地外，停止厦门、宁波等港口的对外贸易。

胤禛力挽狂澜于大厦将倾的海禁改革，就这样被他儿子简单粗暴地打断了。

或许觉得这样做还不能抖出自己大国君王的威风，弘历先生很快又颁布了《防夷五事》，严防死守外国人，一件利国利民的好事情，就这样被明令禁止了。

闭关锁国政策的施行，对清朝的负面影响是非常严重的。

它并不能阻止外国人的洋枪大炮强行推开清朝国门，但在禁锢人民思想方面的确效果显著。这使得清朝与世界几乎完全隔绝，国人对于外部世界的变化接近一无所知。更可怕的是，大清从官员到百姓，对此都毫无兴趣。

封闭，加剧了王朝衰落的速度，清王朝与国外的差距每一年都在逐步扩大，至晚清时期，就连千百年来一直臣服于华夏的东洋扶桑，也后来居上，将大清远远甩在了身后。

但即便如此，清朝的执政者们依然沉迷于天朝上国的自大中，无法自拔，依旧固拒国外的先进文化与科技，使得清朝的改革之路遍布荆棘，国家在故步自封中逐渐沉沦。

应该说，若不是弘历简单粗暴地闭关锁国，鸦片战争的悲剧，也许就不会发生。当然，他的继任者们也难辞其咎。清王朝自胤禛之后，再没有出现一个有手腕、有气魄、有格局、有决心的改革者。

不知搭错哪根筋，弘历就要宠和珅

说弘历，永远绕不开一个人，那就是中国历史上贪污界的巨擘——和珅。

和珅，字致斋，原名善保，钮祜禄氏，满洲正红旗二甲喇人。

接下来的介绍，可能要颠覆你由来已久的认识了！

和珅和大人，和电视剧中捏造的肥头大耳、油头滑脑、不学无术的形象完全不一样，可以说，弘历对他的喜爱，是惊于颜值，喜于才华，陷于拍马的。

不信的话，你可以去搜索一下和珅年轻时的画像，一点也不比现在风靡于娱乐圈的小鲜肉差。

和珅的先祖尼牙哈纳是大清开国功臣，父亲还当过福建省副都统，你别看他是副的，但职权一点也不差，与现在的"中将"不相上下。

仅从出身上看，和珅可是个不折不扣的高级官二代，似乎已经把很多同龄人都甩在了起跑线上。但是，和珅这个人小时候很潦倒。他3岁时死了母亲，10岁时连父亲也死了，家道从此中落，官二代由此落魄，兄弟俩生活得十分拮据，靠借贷过日子。

但即便如此，因为根红苗正的出身，和珅还是受到了良好的教育，10岁那年，和珅被选入咸安宫官学学习，这所官办学校主要招收八旗子弟，不收他们学费，但生活费要自己负责。和珅不畏环境困苦，顽强地认真读书，如果后来不走上歪路，想必会成为中国历史上非常励志的人物。

和珅的记忆力非常强悍，在校学习期间是个让人气愤的学霸级人物，他不仅精通汉、蒙、藏三门语言，而且书法、诗词、绘画无一不精。据说，在课余时间，和珅还仔细揣摩当朝大诗人弘历的大作，从中感悟皇帝的好恶。

和珅的好日子从 15 岁那年开始降临，这一年，因为颜值高、有才名，和珅被内务府大臣英廉相中，也不嫌他穷，将自己的孙女下嫁给他。

成家就该立业了，和珅一开始想走科举的老路，但不知为什么，学霸竟然名落孙山了。高考失利并没有使和珅意志消沉，因为他是贵族出身，考不上也可以世袭一个官职。恰好此时皇宫中选侍卫，和珅认为这是一个出人头地的机会，毅然决然地就报名了。

为什么说当侍卫是个出头的机会呢？因为侍卫有机会见到皇上，能够见到皇上，就有无数种飞黄腾达的可能。不得不说，和珅年少时政治头脑就非常够用。

甄选结果，和珅满足所有条件，又因为长得好看，所以被选进了仪仗队。这个工作是绝对可以见到皇上的，但是，怎样才能引起皇上的注意呢？这是个问题。

乾隆四十年（公元 1775 年）是和珅政治生涯的转折点。在这一年，和珅巧遇机缘，得见天颜，对答得体，甚中上意，从此便青云直上，飞黄腾达。

据说那一日，弘历准备外出玩耍，仓促间黄龙伞盖没有准备好，弘历被扫了兴致，闹了脾气，喝问道："这事儿谁负责？！"

皇帝发怒，非同小可，一时间，众人吓得不敢出声，而和珅却应声答道："典守者不得辞其责！"

弘历心头一动，这声音好磁性啊，遂循声望去，只见说话人仪态俊雅，气质非凡，乾隆喜欢了，又问其出身，居然是个读书人，这在侍卫中是不多见的。

弘历一向自诩为文化人，对一些读过书的满族学生更是另眼相看，所以一路上就跟和珅聊起了文化人那些事儿。和珅平时学习很用功，因而对答如流，撩得弘历龙颜大悦。就如此地，和珅成功吸引了皇上的注意力。

相貌堂堂、过目不忘、才华横溢、反应机敏，这样的人在弘历身旁，只要有心，就一定有成大事的机会。

据载，某日，弘历看《孟子》，咱也不知道他能不能看懂其中的精髓，但这并不妨碍他看得很入神，不知不觉就看到了天黑。弘历因为看不清书上的注解，就让在一旁悉心伺候的和珅掌灯，这时和珅的才智就凸显出来了，他恭问弘历看的是哪一句，弘历刚一说，和珅就把书上的注解全部流利地背了出来。

弘历对和珅的才气是真的惊讶了，和珅也为自己的升迁彻底铺平了道路。

可惜的是，这横溢的才气，最终却成为和珅爬上贪婪之巅的垫脚石，贪婪到连乾隆中期的国家税收都要被他克扣一半。和珅甚至在 2001 年入选世界级富翁行列，成为走向世界的又一中国籍代表人物，只不过这个名目实在是不太好听了。

史书记载，和珅被抄家时，除了各处数不清的房产外，还抄出黄金白银三百余万两，遍布全国的良田十多万亩，全国各处都有他贪污受贿所得的商铺店面生意，其身价简直无法估量，真可以说富可敌国了。这就是为什么说"和珅跌倒，嘉庆吃饱"了。

那么问题来了，弘历怎么说都是个人精，他为什么会纵容和珅在自己眼皮子底下兴风作浪呢？不得不说，在某些方面，和珅真是个人才。

弘历晚年，性格变得孤僻、虚荣，逢年过节、过生日、南巡等，极度讲究排场。宠幸纵容和珅也就到了依赖的地步。

和珅是一个难得的敛钱能才，能帮弘历搞定奢靡的需求，凭着他能言善辩的口才和唯皇帝马首是瞻的奉献精神，不仅把弘历服侍得服服帖帖，而且还绝不肯亏待自己，很高明的一石二鸟。据说，弘历放一个屁，和珅都能立刻做出脸红的样子，这样的臣子谁不喜欢？贪污受贿对于这个"红人"来说，在弘历眼里简直是无足轻重的小污点！反正爷家里有钱！

和珅能替年老的弘历打点一切，这让弘历对他更加依赖，于是他更加肆无忌惮地聚敛财富。他不但暗中接受贿赂，而且公开勒索，利用议罪银制度中饱私囊，结党营私，使乾隆朝的贪污腐败之风疯狂滋长。各地方年节奉献来的贡品，都要先经过和中堂的"过目"，和珅留下价值连城的宝贝，挑剩下来再送到宫里去。他知道乾隆帝对自己宠爱有加，从不查问，别人也不敢告发，他的贪念就愈发不可收拾了。

但有一点，和珅从不向君权发出挑战，这也正是他的聪明之处。

事实上，像和珅这样的臣子，无论放在历史上的哪一个王朝，得宠都是必然的。

第一，他有熟练的专业技能，能帮主子把"公司"打理得井井有条，人员调配得有条不紊。

第二，他能替主子担尴尬，能替主子挡忧愁，是绝对忠心的盾牌。

第三，他除了充分利用职权聚敛财富外，还有多种不同的经营渠道发财，这证明了他的经济头脑可不是一般的发达。解决公司经济困难，是个不折不扣的好手。

第四，他忠于主子，对主子的权力没有任何僭越的想法。

所以弘历不收拾他，当然也有弘历的道理。

就这样，在和珅的策划陪同下，日渐老糊涂的弘历忘记了体恤百姓的初心，六下江南，大兴土木，扩建热河行宫和木兰围场，劳民伤财，令百姓不堪重负。

综合本章，从这些看似辉煌、实际悲哀的轨迹上，我们又看到，弘历既是雄伟的封建专制统治者，也是专制制度的掘墓人。弘历在位60载，通过政治、经济、文化上的各种手段，编织了中国历史上最大的专制统治网，把封建中央集权推到了顶峰，同时，也把这种制度的弱点和缺陷发挥到了极致。

以天朝上国自居的大清国，很快就要迎来"鸦片战争"以后的屈辱；十全老人的子孙们，也很快就要在洋人的坚船利炮面前，仓皇逃窜。乾隆皇帝，光荣地成为封建政治、经济、文化积淀的集大成者，也因为宠信和珅，成为封建王朝逐步走向衰亡的过渡人物。

等到弘历感觉自己可以功成身退的时候，实际上，大清帝国已经走到

了成长的终点，封建农耕制度也丧失了焕发新生的最后机遇。行政效率的降低、贪污腐化的蔓延、八旗尚武精神的颓废、农民生活水平的降低，特别是进步思想的泯灭、传统意识的僵化，使大清成为一条即将沉没的古老战舰，在工业文明的风浪中，不堪一击。

第七章

莫说自己倒霉蛋，谁比永琰更悲惨

这……也太耸人听闻了吧！

讲到这里，你的脑海中是不是会闪过一袭黑衣，他原本是反清组织安插在紫禁城的奸细，他手持利剑，身轻如燕，趁着月黑风高，悄无声息潜入皇宫大内，静谧中只听一声惨叫，皇宫中乱成一片，只见永琰躺在血泊之中，刺客早已扬长而去……

父皇给我的是皇位，这分明是个坑啊！

说起永琰，其实他早年的运气还算不错。

我们都知道弘历一生为延绵国祚，所生孩子颇多，按道理来说，即使永琰的娘亲是令妃魏姐姐，左看右看上看下看，皇位也轮不到样样都不出奇的十五阿哥。

这，难道不足以引起怀疑吗？真相只有一个！

真相就是——弘历太能活了！

要知道，弘历整整活了 87 年又 4 个月，羡慕死秦始皇了好吗！

因为弘历迟迟不死，他的很多孩子都纷纷表示，爸爸我们不能给您尽孝了，我们现在就要纷纷"英年早逝"了。

通过上一章我们已经获知，弘历心目中最属意的未来皇帝，富察皇后的两个孩子都过早辞世。退而求其次，弘历便打起了五阿哥永琪的主意，谁知这小子一点不争气，不爱江山爱美女，招呼都不打一声就跑去云南大理，只为和小燕子感动天感动地。

请注意！以上故事出自言情剧，历史上的皇五子永琪，因患恶疾难医，只活到了 25 岁的年纪。

接连痛失爱子，使弘历变得更加神经质，他甚至隐约怀疑此乃怪力乱神之事，从此断了立储的心思——想立谁谁夭折，弘历也是真伤不起啊！

到了 63 岁那年，弘历只剩七个儿子尚在人间。

这其中，皇十二子永璂，为"如懿"一朝分娩，受到额娘牵连，从来不受弘历待见，早已宣告与皇位无缘。

另外六个阿哥，两位过继给宗亲继承香火，一位沉湎酒色，一位才七岁多。

好家伙，日理万"姬"的乾隆哥，最后竟然只能在皇十一子永瑆和皇十五子永琰之间矮子里拔大个！上哪说理去呢？

客观地说，以一个英明君王的标准来衡量，永瑆和永琰都差点成色，但相对而言，永琰的缺点貌似少那么一点，那……那……那好吧，就你了！

弘历表示：我能怎么选，我也很绝望啊！

乾隆三十八年（公元 1773 年），弘历 45 度角仰望苍天，一本正经地向苍天祷告：如果老十五是个好皇帝也就罢了，如果他干啥啥不行，荒淫第一名，老天你就收了他吧！

倘若事情只发展到这个阶段，我们应该疯狂地为永琰的运气点赞，这皇位来得简直不要太简单，但，其实这才是永琰苦难人生的开端。

很讲道理地说，其实永琰本身并没有什么大错，但没错你就不用受罪了吗？天下哪有这样的好事情呢！

永琰之所以苦难连连，基本都和他那个越老越糊涂的父亲息息相关。

永琰为人并不膨胀，他不会在大庭广众之下叫嚣"我爸是皇上！"他不想为"坑爹"做代言，可他老爹却无情地冲在了"坑娃"的最前沿。

话说弘历到了老年，变得越发重度自恋，自封"十全老人"不算，还自己给自己立碑作传。好吧，如果说这只是他的性格使然，那么接下来要讲的几点，就完全是人品沦陷。

先说第一点——穷极奢华，花样败家。

弘历和他爷爷玄烨一样，喜欢四处巡访，至于巡什么巡，访什么访——很难讲！反正弘历一直坚持说，他不断去江南，是办正事的！

不过弘历和他爷爷有所不同，他的巡访非常隆重，恨不得搞得天下闻名，花钱造势一点也不心疼。活脱脱一个帝王版的"有钱，就是任性！"

巡访回来挺累，是不是得到自己的皇家花园缓解一下身心疲惫？但是，陈年旧景着实让人乏味！于是弘历哥大手一挥，圆明园扩建得格外华美，当然，花钱如流水。

然后，朕要过大寿，排场一定要摆够！

那么问题来了——天下只有用不完的脑子，哪有花不完的银子？弘历哥虽然富有天下，但天下也扛不住他如此穷奢极欲地造啊！

钱不够怎么办呢？——因私废法，无限搜刮！

弘历为了想方设法弄钱花，隆重推出了一个"议罪银"律法。

什么是"议罪银"呢？——就是官员如果犯法，可以用银子抵销责罚。当然，如果有人想成为弘历的政敌尤其是情敌，给再多钱他也会咬牙切齿地弄死他！

然后，弘历就机智地解决了国家财政的燃眉之急？不，因为银子都进了他自己的腰包里。

当皇上开始肆意妄为，试问国家还能不颓废？以和珅为首的官员们纷纷上行下效，大清的吏治迅速烂掉。

腐败的持续必然引发人民的抗争！

于是永琰刚刚当上皇帝，民间就爆发了白莲教起义，外强中干的大清朝再次遭受沉重打击，永琰只能无奈地将这口黑锅背起。

另外还有个问题必须重复说一说，就是弘历颁布的那个缺心眼政策——闭关锁国。

弘历哥表示：在我的英明领导下，大清朝应有尽有，不必和国外互通有无了！

而几乎同一时间，地球那边，法兰西、美利坚和大不列颠，正革命热情星火燎原。

西方列强觉醒着，而东方巨龙却沉睡了，华夏百年的羞辱和困厄，就源于弘历哥那款"防范外夷"政策！

可以言之凿凿地说，弘历留给永琰的，就是一个破烂摊子！

对此，永琰的内心想必也是非常无语：我还能怎样，能怎样，最后还不是要叫他父皇，把他原谅。

别人不行礼，我都不相信自己是个皇帝！

永琰虽然当储君易，但当皇帝一点也不顺利，根本没办法且行且珍惜。

那是嘉庆元年（公元 1796 年）正月初一，禅让仪式已然准备就绪，文武百官和番邦使者全部到齐，大家都等着看君权交接的大戏。

结果，贪恋权力的弘历突然耍起了小孩子脾气，坚决不肯交出玉玺。

没有玉玺还算什么正牌皇帝？这事儿搞得永琰尴尬无比，差一点弃皇位而去。

最后还是刘墉刘罗锅略施小计，答应给老皇上再整一枚象征更高权力的"太上皇玉玺"，永琰才得以完成登基。

大家不要以为这只是个小插曲，从细微处看端倪，这意味着弘历先生只要一日不离去，永琰的悲惨就会持续。

弘历先生虽然表面上退居二线，但实质上并没有放权，仍居住在帝王寝宫养心殿。并且明确官宣："大事还是我来办，你小子给我靠边站！"

于是，永琰每每遇到军国大事，都要到内廷去询问他爹该如何处置，皇权对他来说，简直太奢侈。

按理说，永琰都登基了，所有官书不应该都用自己年号吗？可在当时，历史上破天荒地出现了两种时宪书（历书）——颁给内廷和亲近王公大臣的，仍使用乾隆年号，而全国发行的时宪书，才采用嘉庆年号。

据说当年朝鲜使臣到北京，本应该由永琰接见，然后呢？朝鲜使臣回国后，只知道有乾隆，而不知有嘉庆。由此知悉，永琰这个皇帝，只不过是个操纵在他爸爸手里的木偶而已。

可怜永琰，自己死了正房老婆，都葬不出皇后规格，还得陪他爹喜着，

笑着……

《清史稿》云：

"尊上为太上皇帝，军国重务仍奏闻，秉训裁决，大事降旨敕。宫中时宪书用乾隆年号。"

"侍坐太上皇，上皇喜则亦喜，笑则亦笑。"

嘉庆本名叫永琰，那后来为什么改名叫"颙琰"呢？这又是一个悲惨的故事！

我们知道古时君王的名字臣民都要避讳：

比如康熙名字叫玄烨，官方就要求"玄"字缺笔写。

雍正芳名胤禛，继位后他所有兄弟的"胤"字都改成了"允"。

但轮到永琰，规则就反过来了，因为——"你这'永'字太常用了，怎么避啊，你赶紧自己改名吧！"这句话不是笔者说的，这句话出自乾隆哥。

太上皇的旨意，永琰不敢忤逆，只能将委屈进行到底，无比憋屈！

皇帝改名便臣子，貌似自古无有之，这不是永琰无私，而是他的羞耻！也许耿耿于怀此事，清朝自永琰开始，行辈字派都使用了生僻字。

然而，还有比这更悲惨的！

弘历由于上了年纪，口齿不清，传达命令只有贴身宠臣和珅能听懂，和大人形同摄政！朝野民间都暗称和珅为"二皇上"！

永琰表面是个皇上，这会都排成三儿了！

永琰想召自己的老师朱珪回京，和珅就跑到弘历那里吹耳边风，说永琰是在组建自己的阵营，想把太上皇您给架空！

弘历先生把这话放心里一把玩，和爱卿果然真知灼见，就下旨将朱珪外放到安徽去做官，搞得当朝皇帝永琰面子上非常难堪。

有了太上皇的支持，和珅在新皇面前更加放肆，永琰在和珅眼里，只不过是个冠冕堂皇的空架子。

笔者妄自揣测，永琰当时心中必然有一万个和珅他大爷呼啸而过。

现在你应该猜得到，为什么永琰一主政，就火急火燎地把他爸爸最宠爱的和珅和大人给弄死了吧——向他死去的皇阿玛泄愤啊！

时间终于来到了嘉庆四年（公元 1799 年），弘历先生寿终正寝，至此，永琰才开始真正亲政，不过这时，他已经 39 岁了。

和大人，新账旧账咱们一起算算吧！

书接上回，却说弘历先生虽然明面退位，却仍霸着军政大权谁都不给，致使永琰成了政治傀儡。

和珅仗着有太上皇撑腰，越来越骄横霸道，都快骑到新皇头上了！

永琰一再受欺，恨在心里，但爸爸还在，而且宠他、爱他、纵容他，没有办法，暂且忍吧！

永琰自问："世间有人谤我、欺我、辱我、轻我、贱我、恶我，该如何对付他？"

永琰自答："只需忍他、让他、由他、避他、耐他、不要理他，再过几年，你且看他！"

果然没过几年，弘历先生终于放弃了对红尘繁华的强烈执念，御驾归天。

和珅和大人失去擎天靠山，迎接他的，将是永琰彻头彻尾的政治清算！

嘉庆四年（公元 1799 年）春，永琰面向全国发布自己的施政方针，表示要对官场乱象进行大力整顿，矛头直指和珅。

永琰的意图，下属们谁还看不出来？大家平时就没少受和珅欺负，现在并肩子上吧！有仇报仇，有怨报怨！

工部都水司主事王念孙首先挺身而出，大胆揭发和珅的罪行，顿时引发连锁反应。

御史胡季堂紧随其后，一一列举和珅种种不法行径，并把永琰谕旨中严肃指出的重大问题统统归罪于和珅，坚决要求对和珅从快从严加以处置。

朝堂之上群情汹涌，"倒和"的呼声一浪高过一浪。

机不可失，时不再来，永琰趁热打铁，迅速行动，和珅的一切职务被撤销，押入天牢，他的家产一并被查抄。

和珅的同伙、党羽见状，全都慌了，正所谓树倒猢狲散，他们纷纷反戈一击，揭发和珅罪行，尽量避免自己受到牵连。

永琰指令五大臣联合审讯和珅，之后，他还亲自提审，以详尽掌握和珅的犯罪事实。结案时，永琰向全国发布谕旨，宣布和珅20条大罪：

朕蒙皇考（指乾隆帝）册封为太子，尚未宣布，而和珅竟提前在朕面前漏泄机密，以吊取拥戴之功，大罪一。

上年正月皇考在圆明园召见，和珅竟骑马直进中左门，过正大光明殿，无父无君，大罪二；

乘坐椅轿，抬入宫内禁区，众目所见，肆无忌惮，大罪三；

私娶宫女为次妻，大罪四；

川、楚（湖南）"教匪"（指白莲教）造反，扣压各路军情，不向朝廷报告，大罪五；

皇考圣躬不豫时，和珅毫无忧戚，逢人谈笑自若，大罪六；

皇考带病批阅奏章，间有模糊之字，和珅竟说不如撕去另拟，大罪七；

管理吏户刑三部，将户部事务一人把持，变更成法，不许部臣参议一字，大罪八；

西宁发生贼众抢劫杀伤，将原奏折驳回，隐瞒不办，大罪九；

皇考升天，朕令蒙古王公未出痘者不必来京，而和珅胆敢违抗，下令无论出痘与否都不必来京，大罪十；

大学士苏凌阿衰老不堪任用，因与和珅之弟和琳为姻亲关系，竟起用而不报告，保举亲信吴省兰、李潢、李光云等人，大罪十一；

军机处记名人员随意撤去，大罪十二；

私盖楠木房屋，奢侈违制，式样仿宁寿宫，大罪十三；

其子建坟设立享殿，开置隧道，有"和陵"之僭称，大罪十四；

所藏珍珠手串较宫中多数倍，而大珠比御用冠顶还大，大罪十五；

独据宫内所无之大宝石，大罪十六；

家内白银饰物等，数目过千万，大罪十七；

夹墙内藏赤金二万六千余两，私库赤金六千两，地窖银百余万两，大罪十八；

在通州、蓟州私设当铺，占资本十余万，与民争利，大罪十九；

家人刘全私窃资产达二十余万两，又有私藏违禁之大珠及珍珠串无数，大罪二十。

以上各条，和珅供认不讳。如此丧心病狂，目无君上，贪得无厌，佞妄不法，如不重处，何人心服？

和珅的罪状，除了僭越违制，主要是贪污。已查出的财产全部入了永琰的库存。所以时人说："和珅跌倒，嘉庆吃饱。"

和珅的同党福长安也被捕定罪。

最后，经五大臣会同各有关部门讨论，一致同意判处和珅凌迟，福长安处以斩首，报永琰批准。

永琰也有自己的考虑，如果他把爸爸最宠信的和珅拉到法场，在大庭广众之下，一刀一刀地剐了，这不等于骂自己爸爸昏庸吗？永琰权衡利弊，出于维护爸爸名誉的考虑，决定从轻处理，将凌迟改为赐令自尽，对永琰自己来说，这样也能得到个"仁慈"的好名声。

对于福长安，永琰也决定处置从宽，改判斩立决为死缓，待秋后处斩，命人把他押到天牢，叫他跪在地上亲眼看着和珅自尽，这大概是永琰想借此给百官一个强有力的震慑吧！

和珅心知自己罪恶滔滔，必是死罪难逃，忍不住对自己发出这样的

哀悼：

　　夜色明如许，嗟余困不伸。

　　百年原是梦，廿载枉劳神。

　　室暗难挨晓，墙高不见春。

　　对景伤前事，怀才误此身。

　　余生料无几，空负九重仁。

这样的才华，如果没有用错地方，对国对民，都会是一件好事吧……

1799 年 2 月 22 日午时，和珅吃过入狱以来最丰盛的一顿午餐，执法官员来到天牢宣读圣旨。

和珅跪伏在地，颤抖着听完，叩头谢恩，然后，他对儿子丰绅殷德和福长安说："我和你们服侍先帝多年，本应该一道同归。今皇上已有钟爱之臣，不再需要我们了，我就先走了。"说完，用系在梁上的绳索套住自己的脖子……

福长安跪在一边，吓得瑟瑟发抖，险些尿流……

皇太极开国之时，曾用心良苦地告诫和他一起打天下的弟兄、子侄们："钱财乃身外之物，不可过多谋取，惟建功立业才能永垂不朽啊！"可惜，身居宰相高位的和珅一点也不懂这个道理，他从步入官场时起就拼命谋取财富，手段无所不用其极，明取暗夺，毫无顾忌。在为官 20 年里，他谋取的财富堆积如山，金钱之多，相当全国数年财政收入的总和。可是，他不曾想到，这些庞大的财富最终成了他的坟场，使他落了个遗臭万年的可悲下场……

永琰的悲剧，不怪他自己，也怪他自己

和珅伏法后的那段时间，永琰望着爸爸留给自己的江山，依然愁肠百转。

当时的情况是：全国的土地被不到总人口十之一二的官僚、地主阶级霸占，其余十分之八九的人，不是沦为佃户，就是变成了乞丐或流民。

嘉庆元年（公元1796年）2月，北京城一个夜晚就有8000多乞丐冻死在街头，其惨象令人触目惊心。

在官僚、地主的残酷压迫和剥削下，社会矛盾进一步激化，下层人民各种形式的反抗斗争如澎湃汹涌的波涛，强烈冲击着清王朝的统治。

摆在永琰面前的形势是严峻的，为了扭转衰败的政局，永琰在铲除和珅以后，打响了亲政以来的又一记重炮。

嘉庆五年（公元1800年），永琰下令，禁止鸦片进口到中国。

他痛心疾首地告诫大家："鸦片这东西毒性强烈，刚吸的时候会让人产生身心美妙的错觉，而吸食一久，命就没了！"

永琰深知鸦片危害的严重性，因此对买食鸦片者深恶痛绝，朝中有人胆敢吸食鸦片，一经查出，立交刑部严厉惩处。

为了抓住烟毒源头，从根本上杜绝鸦片危害，永琰责令东南沿海各省海关严查外国商船私带鸦片入境者，凡查处不力或收受贿赂的官员，罪加一等。

嘉庆十八年（公元1813年），鉴于私贩鸦片现象屡禁不止，日益猖獗，永琰颁布大清建国以来最严禁烟令，这一时期，在永琰的严防死守、猛查猛打之下，鸦片泛滥基本上得到控制，永琰又为国为民做了一件大好事。

然而，永琰禁烟固然功不可没，但他固守老爹的闭关政策，也导致了

大清国一直被套着深重的政治枷锁。

事实上，虽然弘历仅当3年太上皇就宾了天，但给永琰留下的心理阴影却一直在无限循环。这导致永琰一直跳不出"乖孩子"的怪圈，执政期间完全是一板一眼地效仿他的祖先，就连打个猎都要走和祖先相同的路线。

大概永琰觉得，不冒险就不会有危险，反正绝不能让国家在自己手里玩完。

管理，其实需要因时制宜，如果照搬别人的东西，往往会一败涂地。

"乖孩子"永琰无疑犯了管理的大忌，他一直在延续他爸爸的败笔，抛开闭关锁国不提，他连民间开矿都不允许，理由是祖上没有先例，恐怕民众图利，跟政府闹事扯皮。

结果，国民经济一再走低。

永琰在位期间，经济一直负增长，人口一直在膨胀，再加上连年灾荒，民众反抗情绪陡然高涨！

国内时局已然搞得永琰狼狈不堪，国外严峻形势更是给他带来了无穷的压力，但他始终是一个保守有余、开拓不足的守成皇帝，他和他的下属们根本想不出办法来破局，只能眼睁睁看着帝国滑落下去。

永琰在位25年，他所重用的亲信大臣多能清廉自律，只是可惜，这些人没有治世的才气。究其根底，还是永琰保守的选人、用人大计，存在着很大问题。

在嘉庆朝，深受重用的多是弘历留下的老人，在和珅专权时代，他们一直遭受打压，才干没有发挥出来，可和珅倒台以后，他们已经是七八十岁的老人了，永琰以这些人为国家中流砥柱，难道还指望他们以全新的思想、饱满的精力，创造出生气勃勃的新局面来吗？

虽然永琰一直试图做一个好皇帝，并且很努力，只可惜，他显然没有挽救大厦于将倾的能力，执政期间留下太多败笔，这使得永琰在清朝史上的存在感极低，甚至不如后来的那些亡国皇帝。永琰的悲剧，不怪他自己，也怪他自己。

为什么连年热播宫斗剧，几乎不见嘉庆朝

不知道有没有细心的小伙伴发现，近年来不断热播的宫斗剧，连四爷雍正都给扯了进去，却几乎看不到嘉庆朝的身影。

这到底是为什么呢？

按理说，后宫作为中国历史上最大的女生寝室，难免会发生 3 个姑娘 4 个群这样的事情，让她们和平共处简直是不可能的，可为什么嘉庆朝就产不出宫斗剧呢？

真相只有一个！

真相就是——永琰的老婆太少了！据史料记载，永琰连妻带妾把去世的都算上，统共只有 10 余位，而且永琰天道轮回的时候，身边只剩下一后一妃。

永琰的第一位正妻是喜塔腊家族的女孩，是内务府总管和尔经额的女儿，虽然娶妻生子同样没有自主权，完全按照老爸的意思办，但这并不妨碍永琰与喜塔腊氏琴瑟和鸣。

乾隆三十九年（公元 1774 年），也就是永琰被密立为太子的第二年，喜塔腊氏被弘历册封为嫡福晋。乾隆四十七年（公元 1782 年）8 月，喜塔腊氏为永琰生下一子，取名绵宁，这就是后来的道光皇帝。

至于旻宁这个名字，是他后来做了皇帝，那么名字中的字眼兄弟们或者臣民自然也就不能再用了，前文提过，这叫"避圣讳"。但是，和他爸爸一样，这个"绵"字的使用太广了，避讳起来很麻烦，所以就麻烦自己吧，于是绵宁便改了个"非常用"的字眼——"旻"。

永琰登基后，喜塔腊氏理所当然地做了皇后，可惜天妒红颜，当上皇

后仅一年，也就是嘉庆二年（公元 1797 年），喜塔腊氏就死了，册谥孝淑睿皇后。

除绵宁外，她还给永琰生下了两个女儿，一女早殇，一女嫁给了玛尼巴达喇。

孝淑睿皇后死后，在爸爸的安排下，永琰又册立了第二位皇后，即钮祜禄氏，是礼部尚书恭阿拉之女。

钮祜禄氏早在永琰还是皇子时，就已经被选入宫，永琰即位后，按爸爸的意思封她为贵妃，嘉庆六年（公元 1801 年）正式册封为皇后。

永琰死后，她又被绵宁尊为皇太后，一直活到道光二十九年（公元 1849 年）十二月，享年 74 岁。

她为永琰生有二子，即三阿哥绵恺和四阿哥绵忻。永琰一开始对绵恺还不错，做什么事总是带着绵宁和绵恺，待遇至少在表面上相差无几。

发生在嘉庆十八年（公元 1813 年）的"禁门之变"，绵宁因为在此事件中果断抗击叛军，保护父亲，表现英勇而让永琰赞不绝口，相比之下，绵恺则黯然失色。

在永琰死前一两年，绵恺屡受贬斥，永琰说他读书不肯用功，又因自己过生日没有收到绵恺贺折，说他 20 岁了还这么缺心眼，扣了绵恺半年年薪，连他的老师也一并受到降级处分。至于这到底是绵恺本人的问题，还是与他的生母也有些关系，就不得而知了。

除此而外，永琰还有一位皇贵妃，也是钮祜禄氏，是永琰即位之后被选入宫的，当年 14 岁，比永琰小 27 岁，被称为如妃。她是皇五子绵愉的母亲。

值得一提的是，她的封号"如"，按照满文可译为"顺从、遵从"的意思，可见她是一个非常温柔的女子。

除了这两后一妃，永琰后宫的其他女人，在历史上鲜有记载。

现在你知道，永琰的后宫为什么斗不起来了吧——宫中有存在感的，就这么一大一小两个女人。一位来自弘历的安排，以永琰的性格，不出什么大事，职位断然不会更改；一位是永琰自己选的，备受宠爱，但性格温顺，孩子太小，几乎没有成为储君的可能。就这种情况，还斗什么斗啊。

那么问题又来了，作为堂堂的一国之君，永琰为什么只有这么几位女人？莫不是……

大家不要想太多了，从他的儿女情况来看，永琰应该一切正常。只是，虽然他是皇帝，但养媳妇就不花钱了吗？

永琰继位的时候，虽然王朝挂名盛世，但国家有多么千疮百孔、破烂不堪，他心里比谁都清楚。

永琰虽然能力不够，但他仍可以以雄心来凑，他想做个中兴之主，并且为此努力着。

他为了给群臣做出表率，首倡"抠门行动"，不光自己衣食住行都十分节俭，而且要求身边的大臣和女人们都这样做，据说，永琰甚至不许自己的女人们浪费钱财买首饰胭脂。

对内外交困的永琰来说，娶媳妇、养媳妇，哪件事不是一笔大开销？所以为了国家和百姓的幸福，永琰只能选择牺牲自己的幸福了。

另一方面，永琰为君二十余载，坏消息一波接一波地传来，他简直为国事、家事、天下事操碎心了，哪还有时间和精力像他爸爸那样"日理万姬"呢？

说实话，此处应该有点掌声。

在清朝历史乃至整个华夏历史上，像永琰这样嫔妃不多的，真的是很罕见的，这也从另一个侧面说明，永琰确实想从自己做起，重振朝纲，可惜心有余，力不足，他没有成功。

四次暗杀！死不得安！还有谁比他更悲惨？

嘉庆八年（公元 1803 年），紫禁城发生了一桩华夏千年前所未有的奇葩事件——皇帝他……竟然被厨子给行刺了！

这……也太耸人听闻了吧！

讲到这里，你的脑海中是不是会闪过一袭黑衣，他原本是反清组织安插在紫禁城的奸细，他手持利剑，身轻如燕，趁着月黑风高，悄无声息潜入皇宫大内，静谧中只听一声惨叫，皇宫中乱成一片，只见永琰躺在血泊之中，刺客早已扬长而去……

不，不是的，要是这么精彩，永琰心里还能多一点安慰呢！

据说，事情的经过是这个样子的：

那是一个光天化日之下，有一个厨子丧偶失业饥寒交加，心中对世界的美好憧憬彻底垮塌，心灰意冷之下就想死了算啦。

恰巧这天，他撞见永琰御驾回銮，厨子思及老百姓的苦难都和摊上这个倒霉皇帝有关，暗地里气运丹田，猛然间冲出来便与永琰拔刀相见！

由于事发突然，永琰的 100 多名保镖一个个全都惊呆了！大家不约而同地站在原地吃瓜，还是定亲王绵恩、固伦额驸拉旺多尔济等六人反射弧不那么长，稍一愣神就冲过来舍命护驾，永琰才好歹逃过一劫的！

这也是够了！这些保镖的从业资格证是怎么考到手的呢？

事实上，他们根本不用考试的。

大清的御前侍卫，一直以来多由八旗贵族担任。这些八旗子弟在清初确实都是狠角色，为国家立下赫赫功勋。可是天下太平久了，八旗子弟也就慢慢腐化堕落了，整天就知道提笼架鸟抽大烟，吃喝嫖赌撩姑娘，他们就像吸血虫一样，慢慢将大清的躯干吸空。

在永琰看来，自己险些命丧一个厨子之手，这种破天荒的大糗事，完全是拜御前侍卫工作不认真所赐，就这个样子，怎么做大清江山的守护天使？不好好收拾一下这帮年轻人，朕和朕的江山就危险了！

于是，永琰怒而下令：全力整顿军力军容军纪军法！然而，有什么用呢？你永远叫不醒那些故意沉睡的人。

紫禁城的另一半，刑部大堂上，高官云集，六堂会审，这些一二品大员接到死命令，势必要搞明白：刺客究竟是什么人，有何等深厚的背景，敢在光天化日众目睽睽之下刺杀当今圣上！

结果，还没怎么审呢，罪犯就一股脑全招了。

据刺客交代，他本名叫陈德，芳龄 47 岁，经人介绍在内务府帮厨。

前年老婆死了，留下两个还没成年的娃；

去年丈母娘病了，家里更加乱糟糟；

今年内务府裁员，他又失业了，这日子简直没法过了！

陈德带着这种活不起的心情，决定去刺杀当今皇上——与其活得窝窝囊囊，不如死得轰轰烈烈，弄他个扬名天下！脑袋掉了碗大个疤，二十年后又是一条活不起的好汉！

于是乎，就发生了开头的一幕。

对于刺客的供词，永琰是一百个不相信的：活不起就要刺杀皇上吗，上坟烧报纸——糊弄谁呢？！查！给我仔细认真严肃地查！

皇上不满，大臣就无法结案，于是众人将陈德打得皮开肉绽，但陈德被打得都快进入六道轮回，口供却丝毫未变。案子一审再审，始终毫无进展。

这时候，朱珪先生站出来说话了，他是永琰的老师，说话比较好使。

朱珪说："皇上啊，你再这么审下去，只能审出两种结果……"

这两种结果是什么呢？

一种是，陈德被活活打死，永琰落得个严刑逼供、促狭暴虐的骂名。

201

第二种，陈德忍不住打，胡乱咬人，制造惊人的冤假错案，甚至可能搞得朝堂之上人人自危，局势大乱。

所以朱珪建议：就这么办吧！

永琰思来想去，也没有更好的办法，但为了多少挽回点颜面，将陈德谎定为白莲教余孽，草草结案。

估计永琰的心当时都醉了：朕心里堵啊！

然而，行刺事件还没有完！

在永琰被厨子行刺的第二年，一个和尚带刀闯进了皇宫内殿，说要找永琰谈谈……

我的天呐！这皇宫大内也太容易闯了吧?！这跟笔者住的小区还有什么差别呢？

幸运的是，这位和尚是个路痴，没有摸准永琰的正确位置。

据和尚后来交代，他本无心谋害，只是想拿把刀和永琰聊聊天，让永琰给他个住持当当……

好吧，这位出家人也是够奇葩的，你想当住持就努力修行啊！你这是下下下下策好吗？

求：永琰心里阴影面积有多大？

然后，在永琰被厨子行刺的第三个春秋，皇宫外来了一个火枪手……

笔者估计，这帮人是为了当红人载入史册，把永琰当流量背景板了，谁逮着谁都想蹭一下热度。

不过这位火枪手也是个刺杀界的奇葩，他竟然忘记——带子弹了！就这个专业水准，死得一点也不冤！

永琰觉得大内侍卫这次表现不错，马上高调奖励一波。但随后就来了个打脸的调查结果——当时这帮护卫不仅没带警备家伙，甚至还在聚众赌博，也幸亏枪手大脑有点萎缩，不然结果还真不好说！

永琰说："我是文明人，不骂娘的。"

好不容易消停八年时间，嘉庆十八年（公元1813年），河北、山东、河南又爆发民乱，天理教喊着"要想吃白面，除非林清坐了殿"，一路攻上紫禁之巅！

注意，此次民间组织攻打紫禁城，声势极其浩大，人数非常众多，有200多人呢！

想以200人夺取政权，显然是天方夜谭，但也正如永琰在《罪己诏》中所言，被200多人差点把皇宫端了，这么倒霉丢脸的事件，在汉、唐、宋、明一千多年的时间里从来不曾出现！

永琰究竟犯了什么错，老天要对他如此羞辱和折磨？永琰心里有一万句"让我死"呼啸而过！他无数次哭晕在厕所。

可是，永琰连死都死得格外憋屈，史书上还是那值得玩味的两个字——暴毙！

而民间普遍的说法是——遭了雷劈，虽然此说法存有争议，但无风浪不起，大家怎么不说弘历让雷劈了呢？

然而，老天仍然没有打算就此放过永琰——你想一死了之？净想美事！

历史不讲理地让永琰承担起了清朝没落的全部罪责，但明白人都知道，这分明是弘历晚年埋下的大锅！

结果弘历成了盛世楷模，永琰被骂庸君祸国，你说，永琰他容易么？

永琰啊，也就是死得早点，他要是再活20年，赶上西方列强火烧圆明园，一定会被黑得更惨！

在位25年遭遇4次刺杀，人都死了还被传言遭受天雷惩罚，灵魂承受着百年的误解和辱骂，中华历史上累计559位帝王，还有比永琰更悲惨的吗？

有一说一，永琰虽然在守旧方面将固执进行到底，但与胡亥、刘贺、赵佶等人相比，已经足以称得上是位"好皇帝"。

永琰在位期间，政绩虽然基本没有亮点，但是，他也没有祸害百姓和江山。

永琰既不爱喝酒，也不爱风流，每日按部就班，埋头苦干，顺手还解决了和珅这个大贪官。

之于社稷江山，永琰功劳虽然少点，但苦劳满满。

只不过，前有爸爸乾隆奢靡腐化挖下的巨坑让他来填，后有儿子道光不争气引发的鸦片战争也要他来担，你说永琰到底难不难？

第八章

江山狼藉，满目疮痍，五位皇帝也凑不齐回天之力

　　根据旻宁的旨意，在非节非庆的日子里，除了太后、皇后和皇帝，宫中任何人不可以沾荤腥打牙祭，提都不能提！

　　可怜宫中各位小主，本以为进了宫就可以享清福，哪承想过得比地主家儿媳妇还清苦。多亏皇后是个贤内助，东拆西补，平衡支出，大家勉勉强强还有条活路。

　　……

大清道光，到底没把天照亮

嘉庆二十三年（公元 1818 年），地点，现沈阳故宫博物院。

永琰带着他的二儿子爱新觉罗·绵宁，在这里诚挚祈求列祖列宗显灵，保佑大清从此天下太平。

礼毕，永琰指着一件兽皮坎肩对绵宁进行亲子教育："宁宁，你要记住这件古老的外衣，它记载着太祖皇帝的战绩。虽然这衣服现在扔街上都没人理，但太祖皇帝正是穿着它拼下了江山社稷！"

看着这大清江山，听着爸爸忆苦思甜，体会着祖先的创业艰难，绵宁陡然激发出一个坚定信念——我要节俭！

但他被爸爸忽悠了，其实它叫原生态皮毛一体，在商场售价不低！

永琰原本只是想进行一次正常的亲子教育，没想到绵宁思想这么偏激，从此立誓做史上最节（抠）俭（门）的皇帝，没有之一。

绵宁的节俭程度达到了何种境地？说出来震惊你！

话说绵宁当年从沈阳回到北京，便立刻把节俭之风付诸行动。每天晚餐只吃白水就烧饼，甭管凉不凉硬不硬，饼渣都不剩。

嘉庆二十五年（公元 1820 年），永琰驾崩，继位者绵宁，更名旻宁，年号道光。

即便如今当了皇帝，旻宁也要将烧饼进行到底，矢志不移！

说完吃，再说家庭开支。做个对比：

十全老人乾隆皇帝，每年花掉的银子数以千万计；就连末代皇帝溥仪，退位后北洋政府也给他 400 万两白银做生活保底。

但旻宁这位君王，硬是把每年的宫廷开支削减到 20 万两！

咱们不妨算一算，每年给你 200 万，你能养活几百口子吗？还让不让人活了！

而他，是怎么做到的呢？他精通省、节、抠、各各种理财运算，精准度堪比瑞士名表。

据悉，"道光衣非三浣不易"！何意？每月只换一次外衣！——不仅缺少衣服更替，而且怕坏舍不得洗。以至于他走到哪里，哪里的空气就那么迷离……

即便如此，旻宁还是觉得让外人补衣服太费银子，所以就鼓励老婆们学习针线活，这样连打补丁的钱都省出来了。

笔者觉得，旻宁的节俭思想非常值得学习，但大家一定要注意个人卫生问题……

旻宁不仅自己在节俭方面非常自律，而且要求举国上下一体学习，并亲自撰写全民节约协议——《御制声色货利谕》，"大家齐夸旻宁是个好皇帝！"

根据旻宁的旨意，在非节非庆的日子里，除了太后、皇后和皇帝，宫中任何人不可以沾荤腥打牙祭，提都不能提！

可怜宫中各位小主，本以为进了宫就可以享清福，哪承想过得比地主家儿媳妇还清苦。多亏皇后是个贤内助，东拆西补，平衡支出，大家勉勉强强还有条活路。

旻宁对皇后也是非常感激，于是决定在爱妻 40 岁之际，为她办一场盛大的生日 PARTY。

大臣们也很诧异——究竟是谁，觉醒了我们的抠门帝？迎接我们的，将会是何等丰盛的筵席？大臣们心念所挂记，就等着皇上如何"出手阔气"……

这一天，群臣特意饿着肚皮，准备在餐桌上当一回凶兽饕餮。

结果，一碗碗漂着零星肉末的北京打卤面就端过来了，饭量稍微大点的人根本就不够吃好吗！大臣们心里有一万个葛朗台被诅咒着，但嘴上还

得说："谢谢皇上大恩大德！"

后有小道消息透露，为了给皇后贺寿，皇帝破天荒让后厨杀了两头猪呢！毕竟皇帝自己过生日，是连碗豆腐脑都不舍得请大家吃的！大家都说，皇帝对皇后这是真爱，实锤了！

对自己和自己人尚且如此，对官员的约（咯）束（啬）更是可想而知。平时官员想从他这里得到什么贵重赏赐，没可能的事！

旻宁表示：朕注重的是精神奖励！说白了，就是画大饼呗。

那一回，将士们平定张格尔叛乱班师而归，旻宁心花怒放大手一挥：今儿个下班给大家伙儿举办庆功晚会！

结果菜一端上来，大家傻眼了！——每桌十几个人只有五六道菜，分量还非常精致可爱，就这，谁还敢下筷？将士们都怕刚夹两筷子，菜就吃没了，那不是现场给皇帝上眼药吗？

最后，大家不约而同地瘪着肚子回家，内心深处是免不了对皇帝有意见的。

旻宁在节俭方面是如此英明，搞得满朝文武也是战战兢兢。官员们为了赢得皇帝好评，买了新衣都要戳几个洞，再打上补丁。

美女们现在爱穿的时尚乞丐装，其实早在道光年间就已非常流行。

不过客观地说，旻宁虽然在节俭方面有些走火入魔，但他这个人非常注重私德，你听说过旻宁节俭之外的绯闻吗？

相反，他下令严查贪官，平定民族分裂叛乱，调盐政，通海运，禁鸦片，于民而言，这个皇帝并非极其不堪。

那么，为什么大清国的颓势在他手里越演越烈呢？重点来了！

首先，旻宁的节俭计划并没有真正得到贯彻执行！

也就是说，旻宁虽然身体力行，但下属仍在搞不正之风，并且完全把旻宁蒙在鼓中。

据说有一次，旻宁召见武英殿大学士曹振镛，看到他裤子上打了几个补丁，觉得手艺还行，就把价格顺口一打听。曹振镛仓促应付："也就三钱银子。"

旻宁当时就炸了："上次朕补龙袍怎么就花了五两银子呢？！把内务府那帮混蛋给朕叫过来！"

内务府大臣也是个老油条，回答得那叫相当机智："皇上，您的龙袍怎么能和别人的衣服相提并论呢？我们要找专人专补，还要找最好的保镖和快递给护送回来，就这个价，还是老臣辛辛苦苦砍下来的呢！"

然后旻宁他就……相信了！

再说个更有意思的。

出于关心下属生活，某日，旻宁问曹振镛早餐吃的是什么。曹振镛故意把早餐档次降了好几个格，比画三个手指头说："臣早上只吃了一碗清粥两个鸡蛋。"

哪知道旻宁一听又怒了："啥家庭啊就吃鸡蛋！还两个？你给朕老实交代，是不是贪污了？"

曹振镛一听当时就给旻宁跪了，心知皇帝这是又被内务府套路了。原来，内务府给旻宁的报价是——鸡蛋 10 两一个！

说到这儿笔者都有点气不过了！内务府你们的良心不会痛吗？旻宁他省吃俭用攒俩钱容易吗？人家啃 10 天烧饼省下的钱，被你们 1 个鸡蛋就给搜刮走了？

但曹振镛是万万不敢和内务府叫板的，只能红着老脸撒谎说："臣吃的是自家母鸡下的民众版普通鸡蛋，几文钱一个，和皇上您吃的冬虫夏草喂养的特供生态鸡蛋是没法比的！"

一通乱编，蒙混过关！

旻宁一听，大乐："讨厌，有养鸡下蛋这么好的事儿，你怎么不早说！"于是号召后宫人员在宫中养鸡，收蛋。

综上所述，可以看出，旻宁是个以身作则的君主，只是脑子偶尔似乎有点短路。

他用心良苦，却也架不住满朝文武全是套路；他提倡节俭之风，奈何

官员们早已贪腐成性；他不是昏庸皇帝，然而此时已然无能为力。

再来说说第二点——不该节俭的地方瞎胡乱减。

比如之前说的平乱庆功之事，连口饱饭都舍不得给将士们吃，多伤大家伙儿保家卫国的高尚心志，摊上这样的上司，谁还有心情尽责尽职？

这还不算，旻宁几乎每天都在拨弄他心中的那个小算盘，挖空心思削减军费预算。

在事关重大的海防、边务问题上，只要让他拿钱，旻宁都心疼得肝颤，磨磨唧唧地和军务大臣谈判，能减一半是一半，最好的结果当然是——不拨款！

第三点——得他爸爸真传，凡事以守成为先。

永琰年轻时也曾有过热血，曾试图对弘历留下的破烂江山进行大力整顿和改革，然而阻挠太多，屡次受挫，最后输不起了，只好改口说"亡国之君皆因不肯守成也！"

从此成为一名每天抄语录、背祖制、按祖宗规矩办事的重型强迫症患者。

旻宁对他爸爸的治国风格进行了完美复刻，活脱脱的又一枚永琰，像极了。

拿通海运来说，明清以来，北京城给养主要靠运河输送，漕帮当时很火。

漕帮可能大家还很陌生，但它的另一个大名——青帮，想必大家都听说过。近代，该组织出现了两个赫赫有名的大亨——黄金荣、杜月笙。

道光四年（公元 1824 年），天降灾祸，洪泽湖水位因决堤急剧下落，漕船无法通过，北京城粮道断绝。

这便有了旻宁的海运改革，结果——效率好极了！海运不光安全快捷，还能省下大把银子。

于是主持海运的大臣趁机提议说："皇上，以后咱就放弃漕运改海运吧！"

谁承想，省钱这么快乐的事情，这次竟然被视金钱如稀土的旻宁一票否决了，理由是："靠运河吃饭的有关部门、江湖大哥、商贩兄弟、失足妇女没了经济来源，一起闹事怎么办呢？"

（旻宁表示：这次谁再说我抠门，拖出去砍了！记得，砍头之前把他们身上的衣服脱下给朕留着！）

这想法，和他爸爸不许开矿的思维简直如出一辙，果然是亲生的。

唯一值得肯定的是，旻宁还是很关心底层劳动人民日常生活的。

因为旻宁的"善意"，海运关闭，漕运重启，大清再一次掉进"因循守旧"的坑里。

一个团队，如果领头人畏首畏尾，那么下属往往也多是庸碌之辈。比如之前提到的曹振镛，人如其名——"曹真庸"！

他在首席军机大臣的位置上一直干到死，一直奉行的原则是——多磕头，少说话，不惹事。在他看来，多一事不如少一事，不干事才能不摊事。

作为旻宁的心腹，他眼见内务府将皇上当成蠢猪，却不敢挺身而出，此乃不忠之徒。

作为朝中重臣，他不愿承担相应责任，只求明哲保身，此乃不义之人。

像这种不忠不义、庸政懒政的官员，就应该拉去敬事房上班！怎么还能让他参与国家大事呢？

有件事说出来也许你会更生气。作为帝王最高级的行政助理，曹振镛不仅不给旻宁好建议，还尽给皇帝出馊主意。

据说，旻宁每天奏折多到看不完，严重影响到陪老婆们聊天的时间，心中感到无比厌烦，可是不看，又怕人背后说他执政慵懒。

曹振镛眼珠子一转，说皇上您可以如此这般……这般……

这个曹振镛对旻宁说："皇上您可以鸡蛋里挑骨头啊！您找个时间，随便抽几本查验，专挑笔画和标点的错误画圈圈，然后让百官围观。一来可以显示您工作精严，二来可以让他们丢脸，您看谁还敢瞎进言！"

果然，这个馊主意的效果很快显现——自此以后，官员们轻易不敢递

折子，就算递折子，也专在抠细节上用心思。言路因此堵塞，不知埋没了多少良才！

后来，好不容易出了个林则徐，既有忧国忧民的忠义，又有热血男儿的胆气，一出场就是大手笔，把洋人祸害中华同胞的鸦片统统扔进了海里，给饱受鸦片危害的兄弟姐妹们出了一口恶气。

然而，在第一次鸦片战争中，面对洋人的炮火，旻宁彻底暴露了他保守懦弱的本性，欲战欲和，不战不和，最后一番思索，又摸了摸胆子，默默让林则徐背起了这口黑锅。

林则徐被流放千里，标志着大清彻底输了这场国际博弈，扛不住洋人的步步紧逼，旻宁把头一低，让耆英代表自己去和（赔）议（礼）。

结果，丧权辱国，赔钱割地！

《南京条约》一签下，民众彻底愤怒了，大家说皇上你咋能这么怂呢？我们都跟着你丢脸丢到姥姥家了！

旻宁说朕好想念林则徐啊！耆英默默将锅接下，这锅真大！

窃以为，爱新觉罗·耆英只是钦差，空顶一个皇姓，割让香港，他没那么大权利也没那么大胆量，所以他应该只是一只替罪羊。

鸦片战争是旻宁执政的最大败笔，也是他到死都无法抹去的耻辱记忆，虽说不能忽略弘历打下的烂家底，但追根究底，还是他咎由自取。

《南京条约》签订前夕，沿海民众奋起，主动上书皇帝，宁愿血战到底，也不愿失去祖宗留下的一寸土地。

旻宁非但不给予支持，反而大力压制，理由是——"这帮刁民声势浩大，如果造反怎么办呀！"

这就是旻宁的小心思：国事不如自己的家事，维护家族统治不容有失！

鸦片战争进行中，旻宁的心感到无比疼痛，因为——干架太费钱了！

打仗势必要充值军费，花钱如滔滔流水，搞得旻宁夜不能寐。

旻宁一边抓心挠肝，一边拨弄心中的小算盘，结果发现，割地赔款比打下去更划算，那还等什么呢！给朕省钱！

于是，珠江口以东上演了一场持续百年的噩梦。

《南京条约》签订，外祸始成。国际强盗们纷纷效仿英国，找上门来碰瓷勒索，大清国彻底乱套了！

而有了旻宁这个先例，后来的皇帝也越来越萎靡，打不过就赔钱割地，没有勒紧裤腰带也要养军队的魄力，更没有为维护国家荣誉和祖国统一放手一搏的胆气。那一时期，巍巍华夏，彻底失去了王者之气。

旻宁将要驾崩，回顾自己这窝囊的一生，想必也是脸色赤红，羞愧之情波涛汹涌。于是给儿子留下遗命："别让我入太庙，我没脸见祖宗啊！"

旻宁为什么这么怕见祖宗呢？因为他失去了资格，因为玄烨曾经明确表示过："凡失寸土者，不得入列祖宗灵位！"

但他的儿子咸丰并未听从父命，他觉得父亲为国为民节俭一生，尤其在立储这件事儿上干得非常英明，理应得到后世子孙的敬重，坚决不能让他在死后落个孤苦伶仃。

再说，不把爸爸放进太庙，我咸丰死后咋办呢，这必须得放进去啊！

不过，咸丰从父亲手里接过大清这副担子，就算是摊上大事了！

早知帝王今日事，当初必不费心思

在旻宁的群妃众贵当中，全妃钮祜禄氏最是受宠，其父是承恩公颐龄，曾在苏州带兵，钮祜禄氏随父同行，出落得如同江南女孩一样秀气钟灵。

道光十一年（公元 1831 年），全妃生下皇四子奕詝，母凭子贵，被晋封为皇贵妃。孝慎皇后去世，全妃按部就班成为皇后，史称"孝全皇后"。

道光二十年（公元 1840 年），孝全皇后突然不明原因暴崩，临终托孤，将 10 岁爱子奕詝交给静妃照顾。六宫无后，旻宁也无意再立，将静妃晋为

皇贵妃，代摄六宫事，实同六宫主人。

静妃小孝全皇后5岁，也很受旻宁宠爱，育有一子，为六皇子奕䜣。

旻宁对奕詝和奕䜣都格外喜爱，也很重视他们的教育，分别为他们指定了老师，奕詝的老师是杜受田，奕䜣的老师是贾桢。两位皇子都很聪明，学习也都十分认真。

旻宁对两个儿子的喜爱难分轩轾，曾赏给了奕詝"锐捷宝刀"，也赏给了奕䜣一把"白虹宝刀"，甚至对奕䜣的偏爱隐隐有超过奕詝之势。

奕䜣生而聪颖，在众皇子中最为突出；奕詝年长，且为皇后所生，究竟选谁为储，旻宁一时之间犹豫不决。

旻宁晚年，对六皇子奕䜣越看越顺眼，在大臣面前，几次流露要把皇位传给奕䜣的意图。

奕詝的老师杜受田看出旻宁心意，万分焦虑，从自身利益考虑，他必须全力帮助自己的学生当上皇帝。于是他苦思冥想，帮助奕詝寻找补救办法。

却说那一天，旻宁命各皇子到南苑打猎，实际是想试一试皇子们的武艺。

按清朝惯例，皇子读书时外出，必须向老师请假。杜受田沉思良久，对奕詝耳语：

"阿哥到猎场中，只管坐在那里，看他们骑射，自己千万不要发一枪一矢，并约束随从不得捕杀任何生灵。回来时，皇上一定会问为什么，你可以回答：'时方春和，鸟兽孕育，不忍伤生，以干天和。且不想以弓马一技之长与诸兄弟争高低。'"

当天狩猎结束，奕䜣所获猎物最多，正顾盼自喜之际，见奕詝默坐，随从也垂手侍立，心中颇感好奇，就上前询问："兄弟们都满载而归，为何四哥你一无所获？"

奕詝平静地回答："今天身体欠安，不能与诸兄弟驰逐猎场。"

天色将晚，诸皇子携所获猎物复命。旻宁见奕詝空手而归，果然询问缘故，奕詝就把老师教的话复述一遍。旻宁听罢，龙颜大悦，对身边的众臣说："这才是君主的风度！"

平心而论，无论文韬武略，还是健康状况，奕詝都比不上奕䜣，因而旻宁直到死前仍对传位给谁下不了决心。

后来，旻宁病入膏肓，自知回天乏术，临终前决定做最后一次考核，以此决定皇位继承人。

贾桢对奕䜣授计说："晋见时，皇上若在病榻上询问治国安邦大计，你应当知无不言，言无不尽。"

杜受田则对奕詝说："你论智力、论口才，根本比不上六爷，若畅谈政见，必输无疑！只有一策，皇上若自言病老，将不久于人世，你只管俯地流涕，以表大孝。"

晋见时，旻宁自然询问身后治国大事，奕䜣忽略了爸爸的痛苦，口若悬河，大谈自己治国安邦的见解和抱负；奕詝则一如师言，面对爸爸的垂问，悲伤得泪流满面，以至于说不出话来。

旻宁在病榻上，仔细观察两个儿子的言行，被奕詝的孝心所感动，对身边众臣说："皇四子仁孝，可当大任。"

翌日，旻宁驾崩，领班大臣宣读密谕："著皇四子奕詝即位。"

奕詝在老师的教导下，很心机地赢了自己的弟弟，登基做了皇帝，年号"咸丰"。

只是大概奕詝完全没想到，他如此费心赢来的龙椅，其实是一块烫手得不能再烫手的山芋。

奕詝登基为帝，在龙椅上屁股还没坐热，太平天国就起事了，若不是对方抵不住利益诱惑，导致内部四分五裂，估计大清这会儿已经歇菜了。

紧接着，英法联军再添一把火，第二次鸦片战争逼得奕詝携家带口逃亡承德，在避暑山庄躲着躲着……就驾崩了。

也许对于奕詝来说，死真的是一种解脱，因为活得太苦恼了！

据相关数据统计，在奕詝执政的 11 年里，共割地 100 余万平方公里，清朝所有割地的皇帝中，他当仁不让排第一！

但是，这口锅真的不能让奕詝再背了，毕竟此时的大清，已经千疮百孔，就算是玄烨穿越过来也没辙！

而让奕詝最恼火的是，他娶了个非常霸道的女人做老婆，没错，就是慈禧老佛爷。

华夏在老佛爷的经营下，顺利进入历史上最黑暗、最屈辱的一段时期，水深火热，满目疮痍……压抑得笔者几乎无法继续讲述下去！

和别的皇帝想"向天再借五百年"不同，奕詝当皇帝，好像是专门为了"殉职"来的。

在热河身患重症，奕詝非但不抓紧治病，修身养性，反而彻底放纵，鸦片、美女一天没有都不行，终把自己送进了酆都城中。

不得不说，奕詝这皇帝，当得太苦了！他几乎没一天不为自己这千疮百孔的江山烦恼着。他为晚清几乎是操碎了心，结果呢？心更碎了……

也许只有在临死之前，他才有了些许麻醉式的快乐感。他的天下，恰恰是他无法快乐的源泉。

朕想爱谁，朕自己都没有决定权

同治十一年（公元 1872 年），载淳 17 岁了，按照清朝早婚的习俗，早已过了"成家立业"的年龄，慈禧太后实在没有理由再阻止他结婚了，只好同意为其择婚。

经过层层甄选，皇后候选人最后确定为两人：

一位是慈禧太后看中的刑部江西司员外郎凤秀之女富察氏；

一位是慈安太后看中的蒙古状元崇绮之女阿鲁特氏。

14 岁的富察氏娇憨可掬，还是个稚气未除的大孩子，如果立她为后，会易于自己摆布，这是慈禧太后喜欢她的主要理由。

而载淳却与母亲意见不同，他倾心于芳龄19、雍容端庄、成熟持重、诗书娴熟的阿鲁特氏，与他一向敬重的慈安太后不谋而合。但他又怕这样选择会招致母亲的责难，因此，进退两难，不知如何是好。

最后决断的时刻终于到了，载淳必须用手中的玉如意决断出谁是大清未来的皇后。

这事不但事关自己，而且事关国体，让载淳心中非常紧张。他忐忑不安地来到四位待选秀女面前，不知如何决断，头上沁出了豆大的汗珠。

载淳看了一眼慈安太后，她正以鼓励的目光望着自己；再看慈禧太后，那严厉的目光分明是在警告自己。载淳更加紧张了，捧着玉如意的双手不由得颤抖起来。他向太监传了一杯茶，想镇定一下情绪。

茶来了，就在他端起茶杯的瞬间，一个灵感突然闪现在脑海中。只见他把手中的茶水猛地向地下一泼。在场的人们大惊失色，以为皇帝发怒了。再看载淳，他神色坚定地面向秀女，让富察氏和阿鲁特氏依次从泼了茶水的地上走过来。

富察氏相貌秀丽，极爱干净，值此选后的关键时刻，只见她轻轻提起精美的裙袍，低着头，小心翼翼地从茶水污渍上跨了过来。

阿鲁特氏相貌虽不十分漂亮，但雍容端庄，知书达理，受过良好的教育。她深知在两宫太后和皇帝面前应持的礼仪，对眼前的茶水视而不见，端庄稳重地迈步向前，缓缓从茶水污渍上面走过，茶水玷污了她美丽的裙角，她也全然不理会。

这时，载淳说话了："提衣服的爱衣，不提衣服的知礼。选后取德，选妃取色。因此，我愿立崇绮之女阿鲁特氏为后。"

说着，郑重地将那柄玉如意交到了阿鲁特氏手中。至此，大清皇后的人选就这样确定了。慈禧太后虽然非常生气，但面对这以理服人的选择，她也无可奈何。

接着，载淳把选妃的荷包放进了富察氏手中，封她为仅次于皇后的慧

妃；又封知府崇龄之女赫舍里氏为瑜嫔；封崇绮之女的亲姑姑阿鲁特氏为珣嫔。

载淳终于以"泼茶选后"的智慧遂了心愿。然而，他未曾料到，这违背了母亲意愿的选择，日后竟会给自己和皇后带来巨大的人生悲剧。

大婚第二年，18岁的载淳开始亲政。按理，皇帝大婚当年即应亲政，但因母亲不肯放权，只好拖至第二年。

主政之初的载淳确有一股奋发向上的热情。他一改过去懒散的习惯，勤于政务，在亲政第三天就下令整顿财务，严禁内务府动支户部款项；他谕令各地整顿厘金，严禁官吏侵渔百姓；他让各省举荐人才，广开言路，以备采用……载淳天真地以为他的兢兢业业能够博得母亲的赞许，让她安心。然而，他想错了。

慈禧希望儿子亲政后，仍能像以前那样小心谨慎地服侍自己，事事向她请示、汇报，听她指教。可是，载淳却偏偏不再听命于母亲，他事必躬亲，独理朝政，单独召见大臣，独自裁决军事政务，从不请示汇报。这样一来，自然惹恼了母亲，她不断找碴训斥载淳。载淳对母后干政深恶痛绝，不肯就范，因此母子矛盾日益加深。

正当载淳对母亲的管束和干政忍无可忍，绞尽脑汁想摆脱时，机会来了。他从太监处得知，母亲十分想重修圆明园。为讨母亲欢心，并让她从此离开紫禁城，载淳决心重修圆明园。

其实，慈禧早在几年前就想重修圆明园，因遭到大臣们强烈反对而未能如愿。她深知此举需要动用巨额资金和大量物料，不得人心，提出来会影响自己的政治声望，因此迟迟没有公开主张。这次儿子提议，正可借机了却凤愿，即使遭到攻击，也不关自己的事。

果然，重修圆明园的上谕一发布，立即引起朝野上下的强烈反对。载淳极力坚持，慈禧兴致更甚，不惜亲躬画样，定款式，工程如期动工。但是，此时正值多年战乱之后，国库早已空虚，根本无力支撑如此庞大的工程，重臣们轮番劝谏停工。

载淳与他们反复辩驳，震怒之下将十位重臣一起革职。一直坐山观虎斗的慈禧太后认为时机已到，便将载淳狠狠教训了一顿，然后恢复了十重臣的爵衔职务。载淳费尽心思，没想到最终得利的是母亲，她借自己之手整治了权倾朝野的恭亲王，又把自己的政治声望狠狠地践踏了一番。

一次次政治较量受挫，载淳终于认清了自己的傀儡地位，初亲政时的那份激情被亲生母亲的权欲彻底浇灭了。

慈禧太后在专权干政的同时，还极力干涉载淳的婚姻生活。

载淳婚后与皇后志趣相投，茶余饭后经常谈诗论句，感情真挚深厚，相亲相爱，由此引来慈禧的嫉恨。

慈禧一方面给皇后施加压力，冷脸相向，另一方面又推崇慧妃，强迫皇帝移爱。她对载淳说："慧妃贤明，你应该多加眷顾，好好待她。皇后年少，不懂礼节，不要总到她宫中去，妨碍了政务。"载淳敢怒不敢言，但仍然我行我素，与皇后形影不离。

慈禧见儿子不听话，便派太监监视，查看载淳与后妃同房的记录。只要皇帝与皇后同房，第二天就要训斥皇帝，并变本加厉地折磨皇后。皇后为了让皇帝少遭责难，便有意疏远皇帝。载淳不明就里，反复追问皇后为什么，皇后才哭诉了原委。载淳震怒了，一气之下干脆独居乾清宫，皇后和妃嫔的寝宫都不去了。

据传说，苦闷无聊的载淳便是因此开始频繁地微服出宫，遍游酒肆、猎色纵欲。为了避开王公大臣，载淳狎游时不敢去高级的清音小班，只是浪迹于偏僻街巷的茶室小馆，有时也涉足污秽简陋的暗娼小寮。就这样日复一日，乐而忘返，荒淫无度，终于招致恶果，染上了恶病。

病痛并没能使载淳的寻欢作乐有所节制，导致其身体素质越来越差，各种病毒乘虚而入。

同治十三年（公元 1874 年），载淳终于一病不起。他先是头眩胸闷，皮肤出疹，御医一时不敢确诊。因似天花，按此下药，吃后果然全身发出了花疹，御医由此诊断为："系天花二朝之喜。"继续治疗。

5 天之后，载淳病症逐渐减轻，御医诊断为"由险渐化为平之象"。然而，就在这时，母亲慈禧策划了一出夺权的大剧，强逼儿子将统治权交回到她的手中。经此一折腾，载淳本已好转的病情又突然逆转恶化，到 11 月 18 日再次发病。

同治十三年十二月初五（公元 1875 年），1 月 12 日，发病后的第 37 天，同治帝载淳在养心殿东暖阁终于结束了他 19 年短暂而痛苦的人生。

同治皇帝的死与他的众多先辈一样，留下了一个越解越混乱的谜团。也许他是政治斗争的牺牲品，也许真的是拈花惹草种祸根，也许纯粹是正常的病亡。不管怎样，一个有个性的皇帝如此短命，仍然让人惋惜。

如果给他选择权，光绪会当皇帝吗

同治帝载淳早逝，皇后皇妃都没有给他生下皇子。那么，谁来继承皇位？此问题也是当时朝野上下关注的焦点，是清王朝急待解决的重大问题。

当时，载淳的皇后阿鲁特氏已经身怀六甲，不久就要生产。但慈禧太后借口国不可一日无君，急于马上选定新帝人选。她还认为，载淳青壮年患恶疾而死，不论皇后所生是男是女，身体都不会太健康，所以不适合立为君主，应另选其他皇族宗室子弟。

按清代立嗣规定，同治帝是"载"字辈，他死之后，应在下辈即"溥"字辈中选择继承人。但如果依照这个规矩办的话，慈禧就成了太皇太后，没有理由辅佐幼帝、垂帘听政了，权力应转交阿鲁特氏。这是慈禧所不能容忍的，于是她采取坚决的态度力主立"载"字辈宗室子弟为新皇帝。

在同治帝去世前夕，慈禧、慈安两宫太后于养心殿西暖阁，召见恭亲王奕䜣、醇亲王奕譞、贝勒载治、载澂以及军机大臣文祥等 28 位王公大臣。慈禧对众大臣说："皇上已经没有指望了，因此立新皇帝的事不能再拖下去了，你们想一想宗室中谁适合继承大统？"

众王公大臣知道慈禧肯定已经有了最佳人选，同他们商议无非是走过场而已，若说错了，惹得她生气，以后日子好过不了，因此谁也不敢说话。只有文祥觉得自己是三朝元老，又不是宗室中人，有说话的责任，又无偏袒的嫌疑，因此他奏称当立"溥"字辈的宗室子弟为太子。

"溥"字辈近支也有很多人，其中以奕讳的孙子溥伦当立。对此，有人提出异议，慈禧抓住机会，立即表态："'溥'字辈中无人合适，而醇亲王的次子载湉，现已4岁，又是皇上的至亲，因此他应当承继大统。"

随后，懿旨传出，颁布天下。众王公大臣听后，都惊呆了，无言以对。醇亲王奕譞更是如雷轰顶，大惊失色，随即痛哭失声，昏倒在地。恭亲王奕䜣觉得这场面实在不像话，大声呵斥奕譞，但奕譞根本听不进去。奕䜣见他昏倒之后，命人马上将他抬出去。在场的其他人一言不发，此事就这样定了下来。载湉在载淳病逝的当夜被迎进皇宫，这就是后来的光绪皇帝。

由此，载淳皇后阿鲁特氏腹中的胎儿、同治帝的亲生骨肉继位无望。

慈禧与阿鲁特氏的婆媳关系原本就不好，于是开始利用手中权力对同治的未亡人进行排挤和打击。阿鲁特氏对自己的人生感到无比绝望，同时，为了表示抗议，竟吞金自杀。后虽经抢救不死，但她心如死灰，毫无生念，又绝食数日，终绝命西归。这时，距载淳大行之日仅50余天。

阿鲁特皇后的死震惊了朝野上下，反应强烈。有一些大臣不畏慈禧之威，直言上书。御史潘敬俨给慈禧上一奏章，说皇后无论是因悲伤过度而死或者是自杀，都表明她的气节，值得大力表彰："不做任何表示，不能安慰亡灵；不加封号，不足以安定人心。"

慈禧知道他在借题发挥，恼羞成怒，斥之为狂言乱语，目无君主，将他罢免赶走。

内阁侍读学士广安，在阿鲁特氏未死之前就要求慈禧在铁券上写明待皇后生下皇子即让他继承大统，因此慈禧把他叫来大加训斥了一番。

但这件事并没有因为阿鲁特氏的死就平息下去。

光绪五年（公元 1879 年），吏部主事吴可读参加了同治帝棺椁安葬仪式之后，触景生情，感慨万千。他想就此事再上书一封，希望引起慈禧的重视。但他知道自己官卑言微，一书进宫无异于石沉大海，音讯全无。于是他选择了"尸谏"。

吴可读在返京途中，于蓟州三义庙里题了一首绝命诗，然后服毒自杀。当吏部官员闻讯来收尸时，发现了他临终前写的一份奏折。全文 1650 多字。文中谈到光绪皇帝即位的背景，清代历朝皇位传继的规定，希望两宫皇太后不要破坏祖宗及朝廷的法规，力改前面的错误，以安同治皇帝在天之灵，杜绝朝野种种流言。

吴可读的尸谏弄得慈禧非常难堪，但又不便发怒。读罢遗奏，她只是轻描淡写地说："这个人未免有点饶舌。这件事谕旨里已经写得很清楚了，要他来说些什么闲话？"

慈安太后说："一个小小的主事，敢发这般议论，而且以死表明自己的忠心，总算难得。"而慈禧下旨不准臣下再议论此事，令将吴可读的奏折抄录一份存档，将尸身好好安葬。

从此，再没有人为光绪皇帝继位的事挑起风波，慈禧垂帘听政把持大权的目的终于达到了。

当皇帝好吗？若说不好，为什么它成了众人争过的独木桥？若说好，为什么崇祯皇帝哀叹自己的儿女生于帝王之家？对于光绪来说同样成了一个难解的死结：一生的幸与不幸全在于那个冰冷的皇帝宝座。

我们胜了，但胜仗比输还难看

中法战争是光绪九年（公元 1883 年）开始，至十一年（公元 1885 年）结束的中国人民抗击法国侵略者的战争。

这场战争的起因是法国企图从越南打通一条通向中国西南地区的通道以掠夺那里的资源。战争本来是中国打赢了的，但由于清朝政府的腐朽和妥协的政策，最后却失败了，签订了《中法会订越南条约》。

从此，法国从中国西南肆意向中国扩张。然而在战争中，刘永福和冯子材及其所率领的军队为国家领土完整进行的英勇斗争永远名垂反侵略史册。

战争分三个阶段。

第一个阶段：越南北部红河三角洲地区，黑旗军先胜后败，签订《中法简明条约》。同治十二年（公元 1873 年）10 月，法军占领河内、海阳、宁平、南定等省。法将安邺与越南土匪头目黄崇英勾结，企图占领整个越南。越南国王阮福时邀请中国黑旗军帮助抗法。

黑旗军首领刘永福率领的军队打着七星黑旗，故称黑旗军。这支军队原是太平天国时期活跃在两广边境上的农民起义军。太平天国失败后，驻扎在越南保胜（今老街）一带约有 2000 余人。刘永福接到邀请后即率军绕道河内，他设下埋伏，诱斩安邺，大败法军于河内城郊。

越南国王封刘永福为副提督，管理宣光、兴北、山西三省。

光绪九年（公元 1883 年），法军再次攻陷河内。越南国王阮福时再次邀请刘永福参战。4 月 13 日，黑旗军大败法军于河内城西纸桥，法军中校司令李维业被打死，刘永福晋升为三宣提督。

法国不甘心失败，增兵进攻顺化，强迫越南新王阮宝库升签订了《顺化条约》，使越南变成法国殖民地。

11月14日，法军司令孤拔统率5000人大举进攻越北的中国驻军和黑旗军，中法战争爆发。

光绪十年（公元1884年）正月，法军增兵到16000人。由于操外交大权的李鸿章主张和谈政策，加上中国驻军与黑旗军寡不敌众，接连失利，只好退出除谅山之外的各个据点，黑旗军退至保胜。越北基本上为法军所占。

4月17日，李鸿章与法军中校福禄诺在天津签订《中法简明条约》，主要内容是中国承认法国占领越南，中国撤军，中国同意在中越边界开埠与法通商等。

第二阶段：马尾海战，中国失败。

中方虽然声明将驻扎在越南北圻的军队撤回，但时间未定。法军去谅山"接防"。清军代表表示尚未接到撤防命令，法军便开枪打死清军代表，清军自卫还击，击毙法军近百人。

以此事为导火索，法国一支舰队（司令孤拔）闯入中国海军基地福建马尾。闽浙总督何景、船政大臣何如璋声称为履行"和议"，对舰队须加以保护，不须先行向他开炮。

但7月3日，法军舰队居然向福建水师袭击，击沉兵舰11艘、运输船19艘，清军死伤700余人。福建水师在毫无思想准备的情况下遭到袭击，但他们立即英勇还击，击伤几艘敌舰。第二天，法国舰队又轰毁了法国帮助建造的整个马尾造船厂。清政府不得不向法国宣战。

第三阶段：战争在海上与中越边境进行，中国虽胜犹败。

7月10日，法国侵略军炮轰基隆，20日登陆台湾并进攻沪尾，被孙开华部击退。8月13日，法军再次进攻台湾，轰毁基隆炮台，翌日占领基隆。清军与法军在台湾多处激战，损失很大。

光绪十一年（公元1885年），法舰攻镇海口岸，浙江提督欧阳利见迎击，守将杨歧珍开炮还击，伤法舰。后来在海战中，孤拔受伤，不久病死澎湖。

与此同时，法军大举进攻越南。在越南的中国军队分为西线和东线。西线是去贵总督岑毓英的滇军和刘永福的黑旗军，东线是广西巡抚潘鼎新的桂军。西线大胜法军于临洮，东线兵挫谅山，潘鼎新逃到龙州。法军占领镇南关。

因病开缺的冯子材奉命出关助剿，任为广西关外军务帮办。冯子材先击溃法军于越南扣波后，又与苏元春、王孝祺等在镇南关大获全胜，法军全线动摇，谅山克复。

越南军民箪食壶浆以迎冯子材，做清军向导。法军大败消息传至巴黎，茹费理内阁倒台。但清政府怕激怒法国，不敢乘胜追击，而将这个胜利作为乞和的资本"乘胜即收"，下令停战。

光绪十一年（公元 1885 年）4 月 27 日，李鸿章与法国驻华公使巴德诺在天津签订了《中法会订越南条约》，共十款。清政府虽胜犹输。

迟到的革新，救不了失落的大清

为了挽救政权，晚清政府先后进行了三次涉及政治、经济、文化和军事等领域的革新运动，分别是：洋务运动、戊戌变法与新政。

三次革新虽然都涉及政治、经济、军事和文化教育四个方面，但重点是不同的。洋务运动主要是经济、军备方面的革新，戊戌变法主要是政治领域里的革新，而新政则涉及各方面。

洋务运动从 19 世纪 60 年代开始，至 90 年代结束。

第二次鸦片战争之后，太平天国和捻军起义处在蓬勃发展之际。清政

府中央和地方一部分官员如奕䜣、曾国藩、左宗棠、李鸿章、张之洞等人，觉得要镇压内乱，抵御外侮，以求长治久安，必须求强、求富。而要求强、求富，就必须引进资本主义生产方式和科学技术。洋务运动就是在这种背景下产生的。

洋务运动包括如下几方面：

一、军事工业。军事工业是洋务运动的重点。如曾国藩于咸丰十一年（公元 1861 年）创建了安庆军械所，李鸿章于同治四年（公元 1865 年）创建了江南机器制造局和金陵机器制造局，左宗棠于同治五年（公元 1866 年）创建马尾船政局，张之洞于光绪十六年（公元 1890 年）创建了湖北枪炮厂等。

二、民用企业。兴办军事工业求强，兴办民用企业求富。洋务派兴办的民用企业有李鸿章于同治十一年（公元 1872 年）兴办的轮船招商局、光绪四年（公元 1878 年）创办的开平矿务局（唐山开滦煤矿）、光绪六年（公元 1880 年）创办的天津电报局，左宗棠于光绪四年（公元 1878 年）创办的兰州机器织呢局，张之洞在光绪十七年（公元 1891 年）创办的湖北织布局和汉阳铁厂。

三、兴办外语学校，引进西方科学技术。同治元年（公元 1862 年）奕䜣创立同文馆，招收八旗儿童学习英、法、俄文。接着李鸿章、左宗棠办起外语和科技学校。此外，洋务派还选拔学生留学，组织人力翻译外文科技书籍。

四、办海军。光绪年间，组建起了南洋、北洋和福建三支海军。

洋务运动中的军事工业全是官办，资金来自海关关税、军饷和厘金。但用作海军军费的相当一部分为皇室和各级官吏所鲸吞。民用企业则是"官督商办"，由官僚控制，吸收私人投资。

军事工业几乎都聘用了外国人帮忙，如金陵机器制造局聘请了英国人马格理任技师，马尾船政局聘用了法国人日意格为正监，德克碑为副监。

洋务运动经过中法战争和甲午战争就失败了。中法战争中法国侵略者轰毁了马尾造船厂，甲午之战，日本侵略者使北洋海军全军覆没，洋务派坚船利炮的希望化为泡影。尽管如此，洋务运动还是有其历史意义的。

首先它开启了中国的近代工业，使资本主义的生产方式在中国开了头。

第二，使长期处于封闭状态的中国人初次见到机器大生产，开了眼界，促使他们向西方学习先进生产技术。此外还加强了国防力量，促进了近代教育的萌芽。

第三，洋务运动期间由于对外交往的需要，清朝政治制度也发生了进步的变化，即进行了官制和教育改革，设立了总理各国事务衙门、同文馆、总税务司等外事机构。

戊戌变法是光绪二十四年（公元1898年），由资产阶级维新派康有为、梁启超发起并得到光绪帝支持的改良主义政治运动。这一年是干支纪年的戊戌年，这场运动便称作"戊戌变法"或"百日维新"。

戊戌变法发生在中日甲午战争之后。

清朝在中日甲午战争中的失败，导致中华民族危机空前严重，使晚清政府的腐败无能暴露无遗。挽救危亡必须变法，成为朝野有识之士的共同呼声。戊戌变法就是在这一背景下产生的。

深受西方文化影响，感到中国不学西方就难以图存的广东南海知识分子康有为，于光绪十四年（公元1888年）在应顺天乡试时就提出了变法主张。光绪二十一年（公元1895年），康有为到北京应会试期间，听闻日本逼签《马关条约》的消息，联合18省应试举人"公车上书"，将给光绪皇帝的万言书交给都察院。

康有为上书不久，即中了进士，拜候补工部主事。上任后他又两次上书光绪帝。

光绪帝读了他第二篇上书，十分赞赏，并让人抄送慈禧太后、军机处和各省督抚。

此后，康有为又两次上书，提出了具体的变法措施并批驳了反对派李鸿章和荣禄等人的"诘问"。

公元 1898 年 6 月 11 日，接受变法主张的光绪帝下诏变法。

紧随其后的 103 天时间里，光绪帝下了几十道命令，涉及政治、经济、军事、文教等几方面的变革。

政治方面：改革机构，裁减政府人员，革新吏治，广开言路，言论、出版自由。

经济方面：奖励工商业，设立国家银行，修铁路，办邮电。

军事方面：淘汰冗兵，训练海军、陆军，改用洋枪洋炮。

文教方面：改革科举制度，废八股，派留学生，设京师大学堂，各地设中小学，提倡西学，奖励发明创造和科技工作。

以上革新归纳起来就是学习西方，发展资本主义，救亡图存，自强、求富。这是一场自上而下的由资产阶级维新派与帝党共同努力的政治革新运动。

然而，这次革新还没产生多少实际上的效力，就被当权者破坏了。

戊戌变法是中国资产阶级发起政治运动的一次演习，虽然失败了，但它在经济领域开展近代化的主张具有创新意义，使爱国救亡思想深入人心，促进了资产阶级革命的发展。

新政是晚清的第三次革新。

这次革新起于八国联军占领北京、慈禧太后西逃之时。这时候，清政府在政治、经济、军事上都面临危机。为了不使大清灭亡，慈禧于光绪二十六年十二月初十（公元 1901 年 1 月 29 日），在西安以光绪帝的名义颁布"预约变法"上谕，要求上自军机大臣，下至各省督抚提出革新意见。从此开始了长达 10 年之久的清末革新。

清末革新内容：

政治方面：改革官制。先设督办政务处，接着改总理各国事务衙门为外务部，撤销闲散机构（如詹事府、通政司、太常寺、太仆寺、光禄寺、鸿胪寺等）。此外还变革法制，仿行宪政。

经济方面：设商部，订立"奖励工商章程"。

军事方面：裁绿营，练新军。

文化教育方面：废科举，设学校，派学生留学。

风俗习惯方面：废除满汉通婚禁令，禁鸦片，禁妇女缠足。

这次变法与戊戌变法在内容上差不多，但实实在在，成就最大，给暮气沉沉的晚清带来了新气象。慈禧太后搞新政的目的，是挽救封建王朝的灭亡，但事与愿违：新教育和留学培养了大批革命党人，假立宪促进了革命高潮，奖励工商和厂矿开设增强了资产阶级的力量，练新军练出了大批清王朝的掘墓人。

三次革新给大清王朝带来了改革自强的良机，也给晚清政坛吹来一股清新的海风，对当时经济、文化、政治都产生了不小的影响。不过这些革新的局限性也显而易见，并没有触及政治、社会变革的主要神经，在当权者的顽固主宰下，已经彻底腐朽的清王朝就只能等待崩塌的那一刻了。

民国元年（公元 1912 年）2 月 12 日，隆裕皇太后叶赫那拉氏临朝称制，以太后名义颁布《退位诏书》，清朝末代皇帝溥仪退位，清朝的统治宣告结束。

努尔哈赤在九泉之下若有所感知，他会不会想起金台石发下的毒誓："我叶赫那拉氏就算只剩下一个女人，也要灭掉建州女真！"